ALMANACH
DES TERROIRS DE FRANCE

BOURGUIGNON NIVERNAIS

2022

Calendrier 2022

Janvier	Février	Mars	Avril	Mai	Juin
1 S Jour de l'an	1 M Ella ●	1 M Aubin	1 V Hugues ●	1 D Fête du trava	1 M Justin
2 D Basile ●	2 M Présentation	2 M Ch.le Bon ●	2 S Sandrine	2 L Boris 18	2 J Blandine
3 L Geneviève 01	3 J Blaise	3 J Guénolé	3 D Richard	3 M Phil.,Jacq.	3 V Kévin
4 M Odilon	4 V Véronique	4 V Casimir	4 L Isidore 14	4 M Sylvain	4 S Clotilde
5 M Edouard	5 S Agathe	5 S Olive	5 M Irène	5 J Judith	5 D D. de Pentecô
6 J Epiphanie	6 D Gaston	6 D Colette	6 M Marcellin	6 V Prudence	6 L L. de Pentecô 23
7 V Raymond	7 L Eugènie 06	7 L Félicité 10	7 J J-B. de la Sa	7 S Gisèle	7 M Gilbert ◐
8 S Lucien	8 M Jacqueline ◐	8 M Jean de Dieu	8 V Julie	8 D Victoire 1945	8 M Médard
9 D Alix ◐	9 M Apolline	9 M Françoise	9 S Gautier ◐	9 L Pacôme ◐ 19	9 J Diane
10 L Guillaume 02	10 J Arnaud	10 J Vivien ◐	10 D Fulbert	10 M Solange	10 V Landry
11 M Pauline	11 V ND de Lourdes	11 V Rosine	11 L Stanislas 15	11 M Estelle	11 S Barnabé
12 M Tatiana	12 S Félix	12 S Justine	12 M Jules	12 J Achille	12 D Guy
13 J Yvette	13 D Béatrice	13 D Rodrigue	13 M Ida	13 V Rolande	13 L Antoine de P. 24
14 V Nina	14 L Valentin 07	14 L Mathilde 11	14 J Maxime	14 S Aymar	14 M Elisée ○
15 S Rémi	15 M Claude	15 M Louise	15 V Paterne	15 D Denise	15 M Germaine
16 D Marcel	16 M Julienne ○	16 M Bénédicte	16 S Benoît-Josep ○	16 L Honoré ○ 20	16 J Aurélien
17 L Roseline 03	17 J Alexis	17 J Patrice	17 D D. de Pâques	17 M Pascal	17 V Hervé
18 M Prisca ○	18 V Bernadette	18 V Cyrille ○	18 L L. de Pâques 16	18 M Eric	18 S Léonce
19 M Marius	19 S Gabin	19 S Joseph	19 M Emma	19 J Yves	19 D Romuald
20 J Sébastien	20 D Aimée	20 D Alexandra	20 M Odette	20 V Bernardin	20 L Silvère 25
21 V Agnès	21 L Damien 08	21 L Clémence 12	21 J Anselme	21 S Constantin	21 M Rodolphe ◑
22 S Vincent	22 M Isabelle	22 M Léa	22 V Alexandre	22 D Emile ◑	22 M Alban
23 D Barnard	23 M Lazare ◑	23 M Victorien	23 S Georges ◑	23 L Didier 21	23 J Audrey
24 L Fr. de Sales 04	24 J Modeste	24 J S Cath. de Su	24 D Fidèle	24 M Donatien	24 V Jean-Baptiste
25 M Conv.de Paul ◑	25 V Roméo	25 V Annonciation ◑	25 L Marc 17	25 M Sophie	25 S Prosper
26 M Paule	26 S Nestor	26 S Larissa	26 M Alida	26 J Ascension	26 D Anthelme
27 J Angèle	27 D Honorine	27 D Habib	27 M Zita	27 V Augustin	27 L Fernand 26
28 V Th. d'Aquin	28 L Romain 09	28 L Gontran 13	28 J Valérie	28 S Germain	28 M Irénée
29 S Gildas		29 M Gwladys	29 V Cath. de Sien	29 D Aymar	29 M Pierre-Paul ●
30 D Martine		30 M Amédée	30 S Robert ●	30 L Ferdinand ● 22	30 J Martial
31 L Marcelle 05		31 J Benjamin		31 M Visitation	

Juillet	Août	Septembre	Octobre	Novembre	Décembre
1 V Thierry	1 L Alphonse 31	1 J Gilles	1 S Thé. de l'E.	1 M Toussaint ◐	1 J Florence
2 S Martinien	2 M Julien Eymard	2 V Ingrid	2 D Léger	2 M Jour des Défu	2 V Viviane
3 D Thomas	3 M Lydie	3 S Grégoire ◐	3 L Gérard ◐ 40	3 J Hubert	3 S François Xav
4 L Florent 27	4 J Jean-M. Viann	4 D Rosalie	4 M Fr. d'Assise	4 V Charles	4 D Barbara
5 M Antoine	5 V Abel ◐	5 L Raïssa 36	5 M Fleur	5 S Sylvie	5 L Gérald 49
6 M Mariette	6 S Transfiguratio	6 M Bertrand	6 J Bruno	6 D Bertille	6 M Nicolas
7 J Raoul ◐	7 D Gaëtan	7 M Reine	7 V Serge	7 L Carine 45	7 M Ambroise
8 V Thibault	8 L Dominique 32	8 J Nativité	8 S Pélagie	8 M Géoffroy ○	8 J Imm. Conceptio ○
9 S Amandine	9 M Amour	9 V Alain	9 D Denis	9 M Théodore	9 V Pierre Fourie
10 D Ulrich	10 M Laurent	10 S Inès ○	10 L Ghislain ○ 41	10 J Léon	10 S Romaric
11 L Benoît 28	11 J Claire	11 D Adelphe	11 M Firmin	11 V Armistice 1918	11 D Daniel
12 M Olivier	12 V Clarisse ○	12 L Apollinaire 37	12 M Wilfried	12 S Christian	12 L Jeanne F.C. 50
13 M Henri et Joë ○	13 S Hippolyte	13 M Aimé	13 J Géraud	13 D Brice	13 M Lucie
14 J Fête national	14 D Evrard	14 M Croix Glorieus	14 V Juste	14 L Sidoine 46	14 M Odile
15 V Donald	15 L Assomption 33	15 J Roland	15 S Thérèse d'A	15 M Albert	15 J Ninon
16 S ND Mt Carmel	16 M Armel	16 V Edith	16 D Edwige	16 M Marguerite ◑	16 V Alice ◑
17 D Charlotte	17 M Hyacinthe	17 S Renaud	17 L Baudoin ◑ 42	17 J Elisabeth	17 S Gaël
18 L Frédéric 29	18 J Hélène	18 D Nadège ◑	18 M Luc	18 V Aude	18 D Gatien
19 M Arsène	19 V Jean Eudes ◑	19 L Emilie 38	19 M René	19 S Tanguy	19 L Urbain 51
20 M Marina ◑	20 S Bernard	20 M Davy	20 J Adeline	20 D Edmond	20 M Théophile
21 J Victor	21 D Christophe	21 M Matthieu	21 V Céline	21 L Prés. de Mari 47	21 M Pierre
22 V Marie Madelei	22 L Fabrice 34	22 J Maurice	22 S Elodie	22 M Cécile	22 J F.se Xavière
23 S Brigitte	23 M Rose de Lima	23 V Constant	23 D J. de Capistr	23 M Clément	23 V Armand ●
24 D Christine	24 M Barthélémy	24 S Thècle	24 L Florentin 43	24 J Flora ●	24 S Adèle
25 L Jacques 30	25 J Louis	25 D Hermann	25 M Crépin ●	25 V Catherine	25 D Noël
26 M Anne, Joachim	26 V Natacha	26 L Côme et Dami ● 39	26 M Dimitri	26 S Delphine	26 L Etienne 52
27 M Nathalie	27 S Monique ●	27 M Vinc. de Paul	27 J Emeline	27 D Sévrin	27 M Jean
28 J Samson ●	28 D Augustin	28 M Venceslas	28 V Jude	28 L Jacq. de la M 48	28 M Innocents
29 V Marthe	29 L Sabine 35	29 J Michel	29 S Narcisse	29 M Saturnin	29 J David
30 S Juliette	30 M Fiacre	30 V Jérôme	30 D Bienvenue	30 M André ◐	30 V Roger ◐
31 D Ignace de L.	31 M Aristide		31 L Quentin 44		31 S Sylvestre

zone A
zone B
férié
zone C

Préface

de Joseph Vebret

La nostalgie heureuse d'un temps passé

Il va sans dire que l'almanach est quelque peu passé de mode. Il fut pourtant, dès l'invention de l'imprimerie au XVe siècle, très en vogue, et connut ses heures de gloire durant la seconde moitié du XIXe siècle, dans le sillage de la politique d'instruction pour tous et le développement de la presse, une époque de soif de connaissance, d'explorations et d'explications d'un monde, à l'orée de l'industrialisation, en profonde évolution.

En témoigne l'offre abondante d'encyclopédies diffusées par abonnement comme *Le Magasin pittoresque*, *Le Magasin universel*, *Le Magasin des familles*, *Le Magasin encyclopédique ou Journal des sciences, des lettres et des arts*, *Le Magasin illustré*, *lectures pour tous*, pour n'en citer que quelques-uns. La plupart d'entre elles proposaient leur propre almanach. Il en existait bien d'autres, consacrés à la famille, au gotha, aux spectacles, etc.

Revenir aux sources, celles des terroirs et des traditions d'antan.

Ces almanachs accompagnaient le lecteur tout au long de l'année, proposant, outre le calendrier des saints, des dictons, des conseils de jardinage, des faits divers, des historiettes, des contes, des recettes, de l'humour et tout un tas d'éléments venant faciliter la vie quotidienne.

Autres temps, autres mœurs, les livres et les journaux ont perdu le monopole du savoir et de l'actualité. Car vinrent la radio, la télévision, puis, beaucoup plus proche de nous, internet, et son avatar « social », les réseaux qui diffusent dans l'immédiateté tout et n'importe quoi, sans filtre, et encore moins de recul. Un progrès, certes, mais qui n'a pas la saveur de l'imprimé.

J'appartiens à une génération qui apprenait le monde à travers ses lectures, qui visitait le Berry avec George Sand, la Provence avec Marcel Pagnol, qui découvrait les débuts de l'industrialisation et la lutte des classes avec Émile Zola et l'amour avec Stendhal…

J'ai la nostalgie heureuse d'un temps que je n'ai pas connu, celui de la naissance de la presse, de l'arrivée du chemin de fer, des grands écrivains et du romantisme, des inventions scientifiques décrites dans des encyclopédies agrémentées de magnifiques gravures, le temps des almanachs…

D'où le parti pris dans ces pages de retourner dans le passé, voici plus de cent cinquante ans, de raconter la France, les villes et leurs habitants, les cantons et leurs coutumes, bref, les Français tels qu'ils se décrivaient eux-mêmes à cette époque ; le choix de revenir aux sources, celles des terroirs et des traditions d'antan.

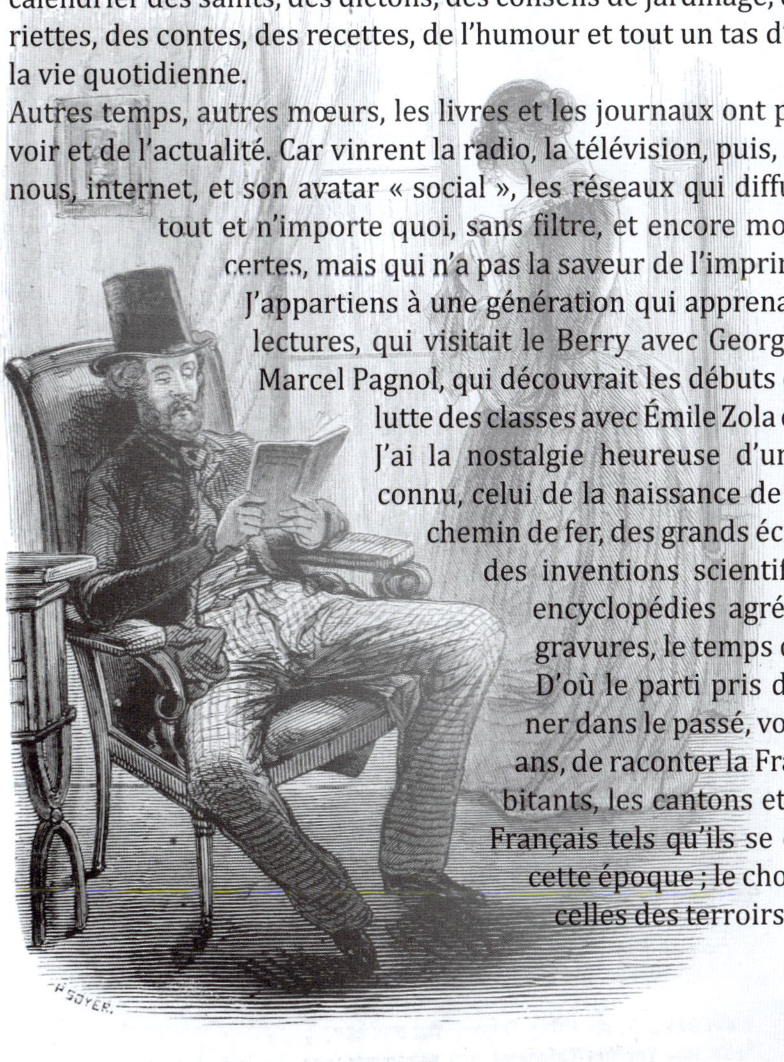

Mes mots de passe

Identifiant : ....

Mot de passe : ....

Identifiant : ....

Mot de passe : ....

Identifiant : ....

Mot de passe : ....

Identifiant : ....

Mot de passe : ....

Identifiant : ....

Mot de passe : ....

Identifiant : ....

Mot de passe : ....

Identifiant : ....

Mot de passe : ....

Identifiant : ....

Mot de passe : ....

Identifiant : ....

Mot de passe : ....

Identifiant : ....

Mot de passe : ....

Mes dates clés 2022

Carte postale d'antan

Souvenirs

Le magazine Tout l'Univers

À partir de 1961, les enfants de 6 à 14 ans ont pu acquérir le magazine *Tout l'Univers*, une revue de vulgarisation scientifique, dont chaque numéro constituait une partie d'une grande encyclopédie. Les numéros pouvaient être assemblés en les insérant dans des reliures spéciales. Les *Tout l'Univers* ont également été édités en collection reliée « rouge et or » qui a figuré en bonne place dans bien des bibliothèques familiales... Le savez-vous ? Hachette a repris en janvier 2009 l'édition de fascicules *Tout l'Univers* !

01

JANVIER

Mon conseil pour le signe du Capricorne en 2022 :

Les choses vont mieux pour vous ? Mais les crises ne se font pas attendre ? Pour que le sort ne s'acharne pas, clarifiez les situations ! Ça ira beaucoup mieux après !

JANVIER

Lundi	Mardi	Mercredi	Jeudi	Vendredi
sem. 52 Jean 27	Innocents 28	David 29	Roger 30	St Sylvestre 31
sem. 1 Épiphanie 3	Odilon 4	Édouard 5	Mélaine 6	Raymond 7
sem. 2 Guillaume 10	Pauline 11	Tatiana 12	Yvette 13	Nina 14
sem. 3 ○ Roseline 17	Prisca 18	Marius 19	Sébastien 20	Agnès 21
sem. 4 Fr. de Sales 24	◑ Conv. de Paul 25	Paule 26	Angèle 27	Th. d'Aquin 28
sem. 5 Marcelle 31				

SAMEDI	DIMANCHE
JOUR DE L'AN 1	BASILE 2
LUCIEN 8	ALIX 9
RÉMI 15	MARCEL 16
VINCENT 22	BARNARD 23
GILDAS 29	MARTINE 30

INSTANTS

Bien-être

Une place au soleil

La lumière du jour est absolument essentielle pour la bonne humeur et la santé physique. Le soleil favorise la croissance et le développement, également chez les adultes. D'où la priorité absolue : laissez entrer le soleil. Au sens figuré, c'est vrai de toute façon, mais au sens littéral aussi, il faut laisser entrer la lumière dans tous les lieux de vie. La devise : ouvrir fenêtres, rideaux, volets, et aller au soleil dès que possible, surtout l'hiver quand il se fait plus rare.
« Pas le temps » et encore moins « pas envie » ne sont, comme toujours, pas une excuse. Quelques minutes, par exemple à l'heure du déjeuner, suffisent. Et la plupart du temps, ces quelques minutes en appellent d'autres.

Pourquoi toujours moi ?

Certains jours commencent mal. Les choses ratent, les collègues s'énervent, les amis déçoivent, les emplois du temps tombent à l'eau. En plus, il faut faire le plein : il n'y a plus de céréales et plus aucune chaussette propre. Maman téléphone et trouve que beaucoup de temps a passé depuis notre dernier appel. Au même moment, votre tasse de café se renverse. Rien ne vous est épargné ! Ça ne pourrait tomber sur quelqu'un d'autre ?
C'est justement la clé : une multitude de gens est en ce moment dans la même galère. Nous ne sommes pas poursuivis par le destin ni désavantagés. C'est simplement la vie qui est ainsi. Les stars d'Hollywood, les présidents américains et les grands boss de l'immobilier doivent aussi remporter ces petits combats. Eux aussi vivent des crises conjugales, des soucis financiers plus ou moins importants. Nous ne le remarquons pas, parce que nous oublions souvent que tout un tas de gens affrontent leurs propres problèmes. Y penser plus souvent relativise bien des choses qui nous dépassent. N'oubliez pas : vous n'êtes pas seul et si les autres ont surmonté leurs problèmes, vous le pouvez aussi !

Le jour de l'An dans l'Yonne

Les usages généralement suivis dans l'Yonne à l'occasion du jour de l'An sont ceux que l'on rencontre presque partout.

Visites entre membres de la même famille et entre amis ; cadeaux aux enfants, qui ont soin, et surtout qui autrefois avaient soin, de mettre, la veille au soir, un sabot dans la cheminée pour que le père Janvier l'emplisse d'étrennes en passant, la nuit, au-dessus de la maison ; souhaits échangés par les visiteurs suivant une formule qu'on abrège de plus en plus.

Seuls les nécessiteux, femmes et enfants, qui, dans nombre de pays vont, de porte en porte, souhaiter la bonne année dans l'espoir de recevoir des étrennes, débitent les anciens souhaits à peu près dans toute leur ampleur. Ils disent : « Je vous souhaite une bonne année, une bonne santé et la satisfaction de tous vos désirs » : n'allant plus toujours aujourd'hui jusqu'à l'invariable terminaison d'autrefois : « et le paradis à la fin de vos jours ».

Dans le canton de Coulanges-la-Vineuse, les gens qui quêtent ainsi des étrennes vont chercher, disent-ils, leur « Guilanneuf ». On doit remarquer, à ce propos, qu'en agissant de la sorte, les habitants de Coulanges ont conservé la vraie tradition gauloise. En introduisant chez nous le mot « étrennes », nous n'avons pas fait qu'emprunter une expression à l'ancienne Rome : nous avons détourné cette expression de son sens véritable.

Chez les Romains, les étrennes (*strena*) étaient des offrandes faites par les humbles, par le peuple aux puissants. Au renouvellement de chaque année, les

IL Y A 50 ANS

1er janvier 1972 – Mort de Maurice Chevalier, chanteur, compositeur et acteur, notamment à Hollywood dans les années 1930.

9 janvier 1972 – Un incendie ravage et détruit le paquebot *Queen Elizabeth* dans le port de Hong-kong.

19 janvier 1972 – Publication de la feuille d'impôt de Jacques Chaban-Delmas par le *Canard enchaîné*.

28 janvier 1972 – Lancement de la Renault 5.

empereurs recevaient pendant plusieurs jours, dans leurs palais, des présents d'argent que leur apportaient leurs sujets, chacun suivant ses ressources. En Gaule, au contraire, et plus tard en France, les cadeaux faits à chaque année nouvelle eurent un caractère tout opposé. Ce ne furent pas les petits qui les offrirent aux grands, ce furent les supérieurs qui en gratifièrent leurs subalternes. Cette coutume eut pour point de départ une vieille fête druidique dans laquelle, le premier jour de l'année, on distribuait au peuple le gui que les prêtres avaient solennellement coupé sur les chênes avec une faucille d'or. Ce gui, après avoir été bénit et consacré, était distribué en criant « Au gui l'an neuf », pour annoncer une année nouvelle.

Plus tard, l'usage s'étant transformé d'une façon tout utilitaire, on alla, en remplacement du gui que ne donnaient plus les prêtres de la religion nouvelle, demander des étrennes aux laïques au cri de « Auguilanneuf ». À l'instar des Romains du premier âge, qui se faisaient des présents consistant en figues, dattes et miel, comme pour souhaiter à leurs amis qu'il ne leur arrivât rien que d'agréable et de doux dans le reste de l'année, on donna aussi aux femmes et aux enfants des sucreries de toutes sortes. À tous ces usages se joignaient des danses et des mascarades provenant du paganisme, contre lesquelles le christianisme essaya de réagir. Les cadeaux mêmes furent appelés « étrennes diaboliques » et sévèrement proscrits, mais tout cela en pure perte, et aujourd'hui encore on continue de célébrer, comme autrefois, les « calendes de janvier ».

À Villemer, le jour de l'An, les jeunes gens (filles et garçons) achètent le chanteau du pain bénit, qu'ils mangent ensuite en l'arrosant copieusement.

À Neuilly, on fait dans chaque maison autant de crêpes que l'on possède de parcelles de terre. Dans ce pays, d'ailleurs, l'usage des crêpes est particulièrement en faveur. À Noël, on en fait autant que l'on a de pièces de blé ; à la Saint-Maur, fête patronale du pays, on en fait sans limites, c'est-à-dire « tout son content ». Ce jour-là, après les vêpres, les jeunes gens se rassemblent sur la place publique et tournent des crêpes. Quand l'opération est terminée, ils montent dans une charrette et font le tour du pays en mangeant et distribuant les produits de leur fabrication. Par excès de libéralité, ils ont soin de mettre de la filasse dans ceux qu'ils doivent distribuer.

C. Moiset, « Usages, croyances, traditions, superstitions, etc. »,
***Bulletin de la Société des sciences historiques et naturelles de l'Yonne* (1888)**

L'enfant de Noël

Elle était seule dans son petit salon, éclairée par une lampe au nuageux abat-jour. Les lueurs se tamisaient, très douces ; on eût dit les roses indécises d'un ciel d'automne.

Laure de Préfonds songeait. Minuit venait de sonner : ce poétique minuit de Noël qui apporte un renouveau de jeunesse, un parfum de choses anciennes et aimées, des tintements de cloches, des scintillements d'étoiles. Elle songeait au passé, à sa douillette enfance, aux Noëls en famille, au soulier mignon qu'on mettait dans l'âtre et qu'on retrouvait plein, comme une corne d'abondance, de merveilles et d'éblouissements. Puis venaient les années où les jouets lassent, où timidement l'on se prend à maudire les poupées de n'être pas vivantes, où le cœur bat plus vite devant un berceau, devant un nid.

Comme elle les revivait, ces jours d'antan ! Jeune fille, elle avait escompté en rêves les joies de l'avenir... Le fiancé avait paru ; on s'était laissé aller à la griserie des fraîches amours, puis c'était le mariage, les devoirs sérieux. Enfin l'on avait serré sur son cœur la poupée vivante ; on avait baisé ces yeux bleus ; on avait nourri ces petites lèvres de pourpre ; on avait pleuré d'attendrissement au premier sourire... Mais l'ange avait tendu les bras... et s'était envolé.

Il semblait à la jeune femme qu'elle respirait encore le parfum amer des fleurs du dernier berceau, immobile pour toujours. Ah ! les nuits sans sommeil, les yeux rougis, le jeune mari obsédé par les larmes qui délaisse le foyer...

« Mon réveillon ! » se dit-elle, et, chancelante, la lèvre en feu, elle ouvre une cassette, elle en tire le premier petit soulier défraîchi sur lequel cinq enflures minuscules trahissent la forme contenue ; un hochet ; des cheveux plus blonds et plus fins que ces fils de la Vierge flottant dans l'atmosphère apaisée... Les chères reliques ! Comment ne sont-elles pas tombées en poussière sous la caresse des doigts avides ?

Cependant la clarté de la lampe se brouille aux yeux de la mère obstinée. La lune filtrant à travers les persiennes mi-closes éclaire seule le boudoir solitaire, pleure ses longues larmes d'argent sur la robe noire. Soudain le rayon s'émeut, se condense, et peu à peu, un fantôme plus lumineux que la lumière se dresse. Un enfant ou un ange s'approche de la mère en pleurs, l'entoure de ses bras d'apparition :

« Maman, je t'aime, je reviendrai... »

Un an plus tard, Laure de Préfonds, le matin de Noël, serrait dans ses bras l'enfant retrouvé.

M. Girardet, *La Femme* (15 janvier 1892)

RECETTE

Velouté citrouille

TEMPS DE PRÉPARATION
15 MIN

TEMPS TOTAL
4 H

6 PERSONNES

Ingrédients

- 20 g d'huile d'olive
- 200 g d'oignons, coupés en quartiers
- 150 g de carottes, coupées en morceaux (2 cm)
- 70 g de branche de céleri, émincée en tranches (1 cm)
- ½ - 1 c. à café de sel
- 1 c. à café de bouillon de légumes en pâte ou 1 cube de bouillon de légumes
- 2 c. à café de cumin en poudre (optionnel)
- 1 c. à café de curcuma en poudre
- 450 g de citrouille coupée en morceaux (3-4 cm)
- pain en tranches grillé ou croûtons
- 1 c. à soupe de graines de potiron grillées

Préparation

1. Dans une poêle, faire revenir l'huile d'olive, les oignons, les carottes et le céleri.
2. Ajouter le sel, le bouillon de légumes, le cumin, le curcuma, la citrouille et faire cuire lentement pendant 3 heures, puis mixer. Servir accompagné de pain grillé ou de croûtons et de graines de potiron grillées.

40 centimes.

Le Petit Écho de la Mode

LE GRAND HEBDOMADAIRE FÉMININ

1, rue Gazan, PARIS (XIVe).

LIIe ANNÉE

32 pages (dont 16 en grand format).

A LA FENÊTRE DE LA VILLA

Cette robe existe en PATRON-MODÈLE n° 157151, taille 44, avec plan, figurine, explications, croquis d'exécution et de montage. Prix franco : 2 fr. 25.

...omans pour la famille et les jeunes filles sont édités dans la collection "STELLA". Il paraît deux volumes

Idées de lecture

CE QUE CAMUS NE M'AS PAS APPRIS
Thierry Poyet

Anne-Laure est née à Bordeaux. Chambertin vit à Saint-Étienne. Elle est juge d'instruction, il a tué un homme. Sans ses amis ni sa famille, elle s'ennuie. Il s'isole, inaccessible, indifférent et bientôt misanthrope. De leurs routes qui se croisent, naît une impossible rencontre. Le méprise-t-elle ? La jeune femme issue de la belle bourgeoisie peut-elle comprendre un homme qui passe tous ses samedis avec les Gilets Jaunes ? Et lui, le petit prof raté, qu'entend-il à la vie des autres, celles de sa femme, de sa maîtresse ou de la jolie juge, quand il ne cesse plus de lire Camus sans trouver les bonnes réponses ? Deux parcours et deux trajectoires jusqu'au bureau-carrefour d'un Palais de Justice où se construisent et se détruisent les destins. Un roman social, dans l'air du temps, où les personnages à la Houellebecq évoluent en quête d'un sens à leur existence. Entre sentiment de l'absurde et espoir d'un bonheur enfin accessible, Anne-Laure et Chambertin sont les étrangers du nouveau siècle.

Thierry Poyet est né en 1968. Il publie son deuxième roman, après *La petite Stéphanoise* en 2019, « Coup de coeur » du Prix Claude-Fauriel. Il est maître de conférences en littérature française.

Éditions Ramsay

À VOUS DE JOUER !

2	7			1	9			
5		4		7		1	2	
					8		3	4
3		5		6				
	6			9			4	
		1	7	4		3	8	
4	9		1					8
		2		5		6	7	
1			2		6		9	

Solution page 128

FAITS DIVERS

POIGNARDÉE PAR UN ACROBATE

Ayant convaincu une demi-mondaine de tout l'intérêt qu'elle aurait à se rendre au Moulin-Rouge parée de ses plus riches bijoux, un acrobate l'attira dans un hôtel, se jeta sur elle et, un poignard à la main, tenta de lui couper la gorge. Mais la voyant évanouie, baignant dans son sang, l'homme n'acheva pas sa tragique besogne et, après l'avoir dévalisée de tous ses bijoux, prit la fuite. Il fut arrêté le lendemain.

Carte postale d'antan

Souvenirs

La plume Sergent Major et le porte-plume

Les petits écoliers des années 1950 et 1960 s'entraînaient quotidiennement à l'écriture avec les pleins et les déliés, en fonction de la pression exercée sur la plume. Pour ces élèves, Sergent Major reste immanquablement lié à l'écriture. À l'époque, l'écriture était un vrai critère de sélection.

L'encrier

Ce petit gobelet en céramique qui servait d'encrier était inséré directement dans le bois des pupitres des écoliers. Le savez-vous ? Dans les années 1950 et 1960, l'encre utilisée était violette.

02

FÉVRIER

Mon conseil pour le signe du Verseau en 2022 :

Soumettez vos idées en douceur. Ne vous emportez pas de manière impulsive. Cela entraînerait des réactions fâcheuses qui aurait des conséquences malheureuses. Soyez plus souple et tout ira bien !

FÉVRIER

LUNDI	MARDI	MERCREDI	JEUDI	VENDREDI
sem. 5 MARCELLE 31	● ELLA 1	PRÉSENTATION 2	BLAISE 3	VÉRONIQUE 4
sem. 6 EUGÉNIE 7	◐ JACQUELINE 8	APOLLINE 9	ARNAUD 10	ND. DE LOURDES 11
sem. 7 VALENTIN 14	CLAUDE 15	○ JULIENNE 16	ALEXIS 17	BERNADETTE 18
sem. 8 DAMIEN 21	ISABELLE 22	◑ LAZARE 23	MODESTE 24	ROMÉO 25
sem. 9 ROMAIN 28	AUBIN 1	CH. LE BON 2	GUÉNOLÉ 3	CASIMIR 4

SAMEDI	DIMANCHE
AGATHE 5	GASTON 6
FÉLIX 12	BÉATRICE 13
GABIN 19	AIMÉE 20
NESTOR 26	HONORINE 27
GILDAS 5	MARTINE 6

....

....

....

....

....

....

Petits moments, grands effets

Souvent, ce sont les petits moments que nous retenons tandis que nous oublions le contexte. D'un film de 2 heures, nous ne retenons qu'une seule scène, d'une visite au zoo, qu'un seul animal, d'une longue conversation avec un ami, qu'une pensée particulièrement.

Ce sont ces petits moments qui clarifient l'esprit et restent comme des points lumineux dans le fleuve des grands événements. Pour cela, pas besoin de faire quoi que ce soit, si ce n'est donner une chance à l'instant, au ici et maintenant. Il n'y a rien à améliorer, rien à résumer ni à classer, à évaluer. Simplement être là et sentir, cela suffit.

« Prendre son mal en patience »

... est une expression qui semble démodée et contraire à l'efficacité, à la productivité et au pragmatisme. Faux !

C'est justement quand on attend calmement que naissent les idées les plus productives pour un nouveau projet et les solutions les plus satisfaisantes à un problème. Vous connaissez aussi ce moment où votre ordinateur a planté et ne réagit à aucune de vos frappes furieuses sur les touches. Mais quittez la pièce pour aller chercher un café (plutôt une tisane...) et la bête se repend et poursuit son travail.

La plupart du temps, nous ne connaissons pas chaque détail d'une situation. Certains contextes et nombre de détails ne se dévoilent qu'au fil du temps.

Celui qui est patient et peut attendre est donc clairement avantagé. Mais cela ne signifie en aucun cas qu'il faille rester les bras croisés et laisser courir. Il s'agit plutôt de tout faire en son temps, mais là, nous en sommes déjà au prochain dicton...

Locutions bourguignonnes

Fenin quéquet. Cette expression est un composé des mots « féminin » et « coquet ». Un homme « fénin quéquet » est celui qui aime les femmes, qui passe son temps autour d'elles et s'adonne, de préférence, aux occupations féminines. On dit : « C'est un ch'ti fenin. » Le mot « ch'ti », abréviation de « chétif », est un qualificatif méprisant.

Mère pétèche. Souche d'arbre étêté et repoussant en envoyant de toutes parts de nombreux rejets. On dit aussi, en parlant de la mère d'une nombreuse famille : « C'est une vraie mère pétèche. »

Beurdineries. Un « berdin » ou « bredin » est un étourdi, une espèce de toqué. Dire des « beurdineries », c'est dire des bêtises, de sottes plaisanteries, des bourdes.

Beurdindouille. Bête comme une oie ; dérivé du précédent.

En avoir son suffisier. En avoir tout son saoul, sa suffisance.

Apondre quelqu'un. Le rejoindre. C'est l'extension aux personnes du vieux verbe « apondre », qui ne s'applique qu'aux objets. « Apondre une pièce d'étoffe », c'est en ajouter une deuxième à une première, joindre deux pièces ensemble.

Faire un retiention. Faire une petite fête.

Faire reutillance. Ce mot est le contraire du précédent. Il désigne l'abstinence. « Vous avez fait un retiention hier, mon cher, vous ferez reutillance aujourd'hui. »

Le grappin. C'est le tisonnier, le pique-feu, bien que sa tige, absolument droite, ne présente aucun crochet.

Le cornet du poêle. C'est son tuyau. Cette appellation a été probablement donnée dans l'origine à la partie coudée et arrondie du tuyau ; à moins que l'on n'ait trouvé que ce tube de tôle ressemblait à un énorme instrument de musique.

Bourriauder. Faire souffrir quelqu'un, le tourmenter comme un bourreau, qui se prononce « bourriau » en Charollais.

Martiauder. Frapper avec un marteau ; verbe formé par le même procédé que celui ci-dessus.

Ma gri foi. Ma grande foi, formule de serment.

Un nain, une nine. Le féminin de nain se prononce comme si ce mot s'écrivait « nin ».

Mantonette. Bonnet des paysannes charollaises.

IL Y A 50 ANS

3 février 1972 – Ouverture des XIe Jeux olympiques d'hiver à Sapporo, au Japon.
8 février 1972 – En Grande-Bretagne, après sept semaines de grève, victoire des mineurs qui obtiennent entre 16 et 32 % d'augmentation.
21-28 février 1972 – Rencontre historique de Richard Nixon et Mao Zedong à Pékin.
25 février 1972 – Un militant gauchiste qui distribuait des tracts à l'entrée de la régie Renault à Billancourt, Pierre Overney, est abattu par un employé de l'usine.

Aidjuant. Celui qui aide, qui prête la main pour secourir quelqu'un. Dérivé direct du latin adjuvare.
Se mettre à écurpeton. Se baisser, s'accroupir. Un « ceurpelt » désigne un petit homme qui, debout, ne paraît pas plus haut qu'un homme de taille moyenne assis.
Treuffe à la patte. Pomme de terre, dite « truffe » par ironie.
Faire une égueulée sur le dos de quelqu'un. Crier fort en menaçant.
Tartouilla. Flan, tarte aux pommes ou aux poires.
Beurée. Nuage noir d'orage. L'adjectif « beurot » désigne, comme autrefois la « bure », un objet de couleur brune, foncée.
La gronde. La guêpe ; onomatopée.
Un calabre d'homme. Un homme de grande taille. « Calabre » est pris ici pour « cadavre », un corps étendu paraissant toujours plus grand que debout. D'une personne très grande on dit : « Quel calabre ! »
Soupe aux griales. Mets national du Charollais, comme les « gaudes » (bouillie de maïs) sont celui de la Bresse, et la « meurette » (matelot de carpe assaisonnée d'une façon spéciale), celui du Chalonnais. Les « griales » sont des morceaux de lard fondu.
Multifrisé. Bien soigné, bien mis, bien peigné.
Être palichot. Être un peu pâle, manquer de couleurs.
Le tantôt. L'après-midi. « Viendrez-vous ce tantôt ? » C'est une expression ancienne qui s'est conservée intacte.
Pousser la porte. Pour fermer la porte.
Boucher le panier. Le fermer, en rabattre le couvercle.
À la gline. Laisser les choses « à la gline », c'est-à-dire à l'abandon, éparpillées, comme les épis abandonnés aux glaneurs. En arriver « à la gline », en arriver à rien.
Être rapeau. Égalité au jeu ; du vieux français « rampeau », qui signifiait, au jeu de quilles, abattre le même nombre de pièces que son adversaire.
Rabeutelée. Foule, grande quantité. Prendre une « rabeutelée » de poissons ; avoir une « rabeutelée » d'enfants...
Être grossier, grossière. Être gros, bien portant.
Faire la bouscule. Faire la culbute.

Perraut Dabot, ***Revue des traditions populaires*** **(1897)**

Le bossu ne voit pas sa bosse, mais il voit celle de son frère

En général, les bossus sont goguenards, ont de l'esprit et ne manquent pas d'amour-propre ; trois choses qui souvent les empêchent de vivre en bonne intelligence et les portent à se gausser les uns des autres.

Rien de plus désopilant que ces gausseries d'où les saillies vives et piquantes s'échappent à jet continu. Tous se font honneur de leur bosse, cherchant à démontrer avec une verve intarissable qu'elle est la mieux tournée de toutes et défiant d'en trouver une plus belle.

L'un d'eux, irrité contre ses antagonistes, s'écriait : « Insensés ! vous prétendez être bossus, et vous n'êtes que contrefaits ! »

Un autre, se comparant à ses semblables, disait : « La nature nous a coulés tous dans le moule des bossus ; mais ils sont très mal réussis », tour de phrase original où, par un simple changement de pronom, son ingénieux amour-propre esquivait l'application personnelle de la critique, en se réservant le bénéfice de l'éloge.

C'est une prétention du même genre que Grandville a mise en relief dans son joli dessin. Regardez ce grand bossu en face de ce petit bossu, attaché au bras de cette dame longue et mince ! Comme ils rient l'un de l'autre ! Leur hilarité est telle qu'on ne peut se défendre de la partager. Elle se communiquerait à un Anglais attaqué du spleen.

Le bossu ne voit pas sa bosse; mais il voit celle de son confrère.

Il n'est pas nécessaire d'expliquer la moralité du proverbe ; et nous nous bornerons à dire qu'elle est absolument la même que celle qui se trouve dans les vers suivants, par lesquels La Fontaine termine sa fable intitulée *La Besace* :

« On se voit d'un autre œil qu'on ne voit son prochain.
Le fabricateur souverain nous créa besaciers tous de même manière,
Tant ceux du temps passé que du temps d'aujourd'hui :
Il fit pour nos défauts la poche de derrière,
Et celle de devant pour les défauts d'autrui. »
(Fab. VII, livre 1)

Cent proverbes*, illustrés par Grandville, textes de *Trois têtes dans un bonnet
(XIXe siècle)

RECETTE

Crevettes épicées

aux poireaux et carottes

TEMPS DE PRÉPARATION
15 MIN

TEMPS TOTAL
40 MIN

4 PERSONNES

Ingrédients

- 350 g de blancs de poireau, coupés en tronçons
- 400 g de carottes jaunes, coupées en tronçons
- 140 g d'oignons, coupés en deux
- 1 gousse d'ail
- 10 g de gingembre frais
- 2 c. à soupe de curry en poudre
- 10 g de curcuma frais
- 15 g d'huile d'olive
- 200 g de lait de coco
- 1 c. à café de concentré de tomate
- 10 g de sauce de soja
- 300 g de crevettes cuites, décortiquées (700 g non décortiquées env.)
- 2 pincées de sel, à ajuster en fonction des goûts
- 2 pincées de poivre moulu, à ajuster en fonction des goûts

Préparation

1. Mixer ensemble les poireaux et les carottes. Réserver.

2. Mixer les oignons, l'ail, le gingembre, le curry et le curcuma.

3. Ajouter l'huile d'olive et le mélange poireaux-carottes, puis cuire 15 min.

4. Ajouter le lait de coco, le concentré de tomate, la sauce soja, les crevettes, le sel et le poivre, et laisser cuire à nouveau 8 min. Servir chaud accompagné de riz.

MESDAMES,
Habillez-vous vous-mêmes, avec
LES 10 PATRONS GRATUITS
que donne chaque mois
e PETIT ECHO de la MODE
Embellissez votre intérieur avec les jolis travaux à
l'aiguille dont les dessins décalquables au Fer chaud
vous sont gratuitement donnés chaque quinzaine par
LE PETIT ECHO DE LA MODE
vendu partout 10 cent. le N° chaque MERCREDI
ABONNEMENTS : 1 An, 6 Fr. en France ; 10 Fr. à l'Etranger
PRIME GRATUITE
A TOUTE ABONNÉE D'UN AN
LE GUIDE DES CONVENANCES
(Ajouter 0 fr. 50 pour le port de la Prime.)

Idées de lecture

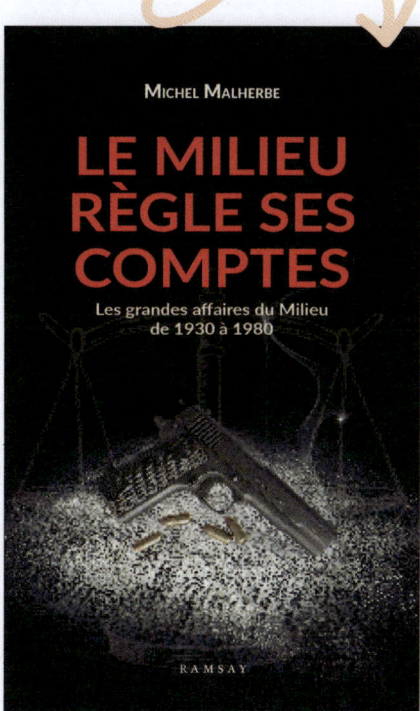

LE MILIEU RÈGLE SES COMPTES
Michel Malherbe

Lorsque le Milieu règle ses comptes, il le dit rarement avec des fleurs. Ou parfois bien plus tard, lors des funérailles… Cet ouvrage vous raconte des affaires criminelles bien réelles dans lesquelles le Milieu est omniprésent. Aucun risque de s'endormir, l'action est présente à tous les instants, la « viande froide » est la règle commune des hommes du Milieu, et le lecteur pourra constater que la réalité dépasse de loin la fiction ! Plusieurs de ces affaires, pour les plus récentes, ont été personnellement vécues par l'auteur lors de sa carrière de flic de terrain. Il retrace ces moments avec un véritable cachet d'authenticité. Le langage est parfois cru, mais c'est celui qui était utilisé par « Messieurs les hommes » et par les poulets de cette époque. Un glossaire des termes argotiques et spéciaux propres au Milieu vous permettra de vous immerger encore plus dans ces passionnantes histoires.

Michel Malherbe est un ancien policier du 36, quai des Orfèvres, longtemps siège légendaire de la PJ parisienne. Aujourd'hui retraité, cet écrivain, sociétaire des gens de lettres de France, consacre une grande partie de son temps à la recherche historique, notamment celle des « serial killers » de la Belle Époque, mais aussi à des investigations portant sur des affaires criminelles plus contemporaines. À ce titre, il collabore à de nombreuses émissions télévisées et productions cinématographiques. Fort de sa qualité d'expert près des tribunaux, il dispose d'une connaissance approfondie en matière de justice criminelle.

Éditions Ramsay

À VOUS DE JOUER !

	4	3	1			9		2
					4			
5	9		3	2		1		7
	3		8					5
7		8				3		
	2			5	3		1	4
				1	5		2	
9		7						6
2				3	7		9	

Solution page 128

FAITS DIVERS

FUREUR D'UN IVROGNE

Un photographe qui se trouvait en état d'ivresse à bord d'un bateau parisien s'avisa de brûler avec sa pipe les pattes d'un pauvre toutou appartenant à un voyageur. Comme les voisins protestaient, l'ivrogne sortit un couteau de sa poche et frappa de son arme le pontonnier et le pilote qui étaient accourus. Tout à coup, suite à un faux mouvement, il tomba à l'eau. Des agents le repêchèrent. Mais à peine se trouvait-il sur la berge qu'il se mit à les frapper en guise de remerciement. Il alla même jusqu'à mordre l'un d'eux au nez. En définitive, on se décida à le ligoter pour le conduire au poste.

Carte postale d'antan

Souvenirs

Les tricotins

Beaucoup de jeunes filles des années 1950 et 1960 ont commencé le tricot avec ce petit appareil : le tricotin. Il permettait de tricoter en rond et de confectionner des tubes, des bracelets, des tresses... Toujours en bois et souvent à l'effigie d'un personnage, les tricotins existent aujourd'hui en plastique ou sous forme mécanique.

03

MARS

Mon conseil pour le signe du Poissons en 2022 :

Vous réussissez tout ce que vous entreprenez. Votre bonne étoile vous aiguille et vous protège ! Ne prenez pas les conseils pour des reproches.

MARS

LUNDI	MARDI	MERCREDI	JEUDI	VENDREDI
sem. 9 ROMAIN 28	● AUBIN 1	CH. LE BON 2	GUÉNOLÉ 3	CASIMIR 4
sem. 10 FÉLICITÉ 7	JEAN DE DIEU 8	FRANÇOISE 9	◐ VIVIEN 10	ROSINE 11
sem. 11 MATHILDE 14	LOUISE 15	BÉNÉDICTE 16	PATRICE 17	○ CYRILLE 18
sem. 12 CLÉMENCE 21	LÉA 22	VICTORIEN 23	CATH. DE SUÈDE 24	◑ ANNONCIATION 25
sem. 13 GONTRAN 28	GWLADYS 29	AMÉDÉE 30	BENJAMIN 31	HUGUES 1

SAMEDI	DIMANCHE
OLIVE 5	COLETTE 6
JUSTINE 12	RODRIGUE 13
JOSEPH 19	PRINTEMPS 20
LARISSA 26	HABIB 27
SANDRINE 2	RICHARD 3

Chocolat chaud

La boisson qui rend le plus heureux est le chocolat chaud, n'est-ce pas ? Une pause avec une tasse fumante fait toujours du bien.
Mais ne vous contentez pas de mélanger simplement du cacao en poudre avec du lait chaud, faites-en un moment agréable, en bonne compagnie. Pour deux tasses de véritable chocolat chaud fait maison, crémeux, divinement chocolaté, commencez par battre 50 ml de crème liquide en Chantilly et râpez finement 60 g de chocolat noir (70 % de cacao). Puis fendez une demi gousse de vanille sur la longueur. Grattez la pulpe, versez avec la gousse dans 400 ml de lait et portez à ébullition. Faites fondre le chocolat râpé dans le lait chaud en remuant. Selon le goût, ajoutez encore un peu de sucre, retirez la gousse de vanille. Remplissez les tasses et servez accompagné de crème Chantilly.

Au deuxième rang

Imaginez vous quelque part dans la rue à attendre. Par exemple au feu rouge, ou pendant un trajet quotidien en bus ou en train. Vous remarquerez que nous laissons souvent le paysage défiler devant nos yeux sans vraiment le regarder.
Pourtant, il y a tellement de choses à découvrir derrière les arbres, les maisons et les clôtures sur lesquels votre regard tombe en premier. Qu'y a-t-il au deuxième rang ? Quels bâtiments, jardins ou endroits n'avez-vous encore jamais remarqués, bien que vous passiez là tous les jours ? Vous remarquerez bientôt que ce qui vous semblait ennuyeux est soudain passionnant.

Les Bourguignonnes vues de Paris en 1840…

Quelle différence entre les lourds paysans avec nos jolies Mâconnaises, ces paysannes au costume national qui habillait leurs aïeules il y a cinq et six générations, et qu'on verra encore dans nombre d'années faire la distinction de leurs petites-filles !

Elles n'ont pas l'allure vive et légère des espiègles jeunes filles de Chinon et Dijon, mais quelque chose de doux et de tranquille règne dans leur démarche ; leurs regards sont calmes, mais profonds. Les jeunesses des autres villages de la Bourgogne poseraient volontiers pour la paysanne rieuse et folâtre, tandis qu'on trouverait la paysanne sentimentale parmi les gracieuses Mâconnaises.

Voyez-les surtout le dimanche sortir de leurs maisonnettes pour aller, ou le matin à la messe, ou le soir à la danse ; voyez-les avec leurs cheveux glissant en bandeaux lisses sur leurs tempes, leur chignon emprisonné dans un petit bonnet à jours et de forme bizarre ; voyez-les avec ces étages nombreux de mousselines et de gazes descendant sur leurs épaules ; ces broderies d'or et d'argent couvrant les coutures et souvent l'étoffe entière du corsage ; ces riches gants de soie terminant leurs manches courtes et plates ; leur longue robe, dont la taille unie commence au-dessous des seins ; mais par-dessus tout cela, et comme signe particulier et distinctif, avec leur petit chapeau, leur miniature de chapeau, capricieux ornement posé avec coquetterie sur le sommet de leur tête, véritable bijou façonné avec tous les soins imaginables, plissé, tuyauté, ruché, tout en nœuds et en rosettes, léger, varié dans ses formes, chez les unes simple et ombrageant à peine la moitié du front, chez les autres plus large et laissant tomber jusqu'à la taille des ruisseaux de larges dentelles, lesquelles mêlent leurs broderies aux croix et aux colliers dont elles ornent, et quelquefois surchargent ; leurs épaules… Voyez-les, dis-je, dans cet attrayant costume, et si vous n'êtes pas séduit, ne restez pas plus longtemps en Bourgogne.

IL Y A 50 ANS

2 mars 1972 – Jean-Bedel Bokassa, au pouvoir depuis le 31 décembre 1965, se proclame président à vie de la République centrafricaine.

8 mars 1972 – Entrée en vigueur de la loi du 19 décembre 1967 qui autorise la contraception en France.

20 mars 1972 – Premiers essais du TGV.

28 mars 1972 – Cent trois agriculteurs du Larzac prêtent le serment de rester solidaires et de ne pas vendre leurs terres à l'armée.

Mais c'est le seul pays de cette province on l'on voie un costume si saillant et si original. En remontant la Saône-et-Loire, on trouve cependant des détails de toilette piquants et coquets. La coiffe à la paysanne des jolies Verdunoises est connue et proverbiale dans la moitié du département, et en traversant le département de l'Yonne, d'Auxerre à Sens, on remarque souvent des femmes dont un simple madras fait la coiffure. Mais quelques-unes savent si bien en agencer les plis et les nœuds, il y a une coquetterie si bien entendue dans la manière dont elles en disposent la pointe et les rosettes, qu'on est tout étonné de voir, à si peu de frais, une coiffure agaçante et parfois excessivement gracieuse.

Dans les différents villages de cette même province, les hommes n'ont pas de costume aussi distinct, aussi varié que les femmes. Ainsi, quand on a vu un paysan en blouse, en sabots et en bonnet de laine, un fermier en culotte de serge, en guêtres dépassant le genou, et en chapeau multiforme et antédiluvien, un bon bourgeois ou propriétaire de campagne avec la veste à courtes basques, le pantalon d'étoffe, les gros souliers et le feutre aux ailes larges et retenues par des fils parlant de chaque côté de la tête, quand, dis-je, on a vu ces deux ou trois variétés d'habillements masculins, on connaît à peu près le costume des Bourguignons.

François Fertiault,
Les Français peints par eux-mêmes, encyclopédie morale du XIXe siècle
(1840)

Contes du Nivernais

Merle ou merlasse

Il y a sept ans, un soir de Mardi gras, un homme et sa femme étaient assis dans leur maisonnette, le bonhomme se chauffait avec un air de bien-être et disait à sa femme :

— Ta cuisine sent bon ; crois-tu qu'il n'est pas temps d'y goûter ? Comme nous allons nous régaler de ce merle que j'ai tué ce matin !

— Un merle ? Tu veux dire une merlasse… Je crois qu'elle sera bonne, j'y ai mis beaucoup de lard.

— Tu as bien fait, mais pourquoi veux-tu que ce soit une merlasse ?

— Parce que c'en est une.

— Mais non, c'est un merle.

— Pas du tout ; je t'assure que c'est une merlasse.

La dispute s'échauffa, l'homme leva la main sur la femme qui recula vivement, heurta du pied les écuelles et les renversa. Le contenu s'en répandit sur le carreau ; l'oiseau, merle ou merlasse, roula dans les cendres. La femme alla se cacher dans la ruelle du lit et l'homme s'assit au coin du feu.

L'année suivante, à pareil jour, la dispute recommence : l'homme se lève, la femme prend sa quenouille ; les chaises bousculées dans la bagarre tombent sur les pots et les cassent : adieu le bon repas de carnaval !

La soirée se passa comme celle de l'année précédente. Et depuis sept ans, à pareil jour, la même discussion s'engage entre les braves gens pour le même motif. J'attends avec impatience le prochain Mardi gras pour savoir s'ils souperont enfin cette fois-ci.

Le coucou, la taupe et la carpe

Il y avait une fois trois frères, le Coucou, la Carpe et la Taupe. Ils vivaient avec leur père, en bonne intelligence. Un jour le père s'absenta et ne revint pas. Les trois frères désolés voulurent le retrouver et, pour faciliter leurs recherches, ils se partagèrent la tâche.

Le Coucou dit :

— Moi, je chercherai dans les bois, où il peut être pendu.

— Moi, dans l'eau, dit la Carpe, je crains qu'il ne soit noyé.

— Et moi, dit la Taupe, dans la terre où il est peut-être inhumé.

La Carpe et la Taupe cherchèrent vainement ; mais leur amour filial ne s'est pas encore découragé, elles continuent leurs explorations. Quant au Coucou, il a trouvé son père pendu au faîte d'un chêne et il en a été tellement frappé qu'il a déserté le pays. Seulement, chaque année, il y revient et y chante pendant trois mois les *Libera* de son malheureux père.

Achille Millien, *Revue des traditions populaires* (1887 et 1893)

RECETTE

Carottes façon tajine

TEMPS DE PRÉPARATION
15 MIN

TEMPS TOTAL
45 MIN

4 PERSONNES

Ingrédients

- 80 g d'oignon, coupé en deux
- 3 gousses d'ail
- 20 g d'huile d'olive
- 450 g de carottes, coupées en biseau
- 2 c. à café de curcuma
- 1 c. à café de cumin en poudre
- 1 c. à café de cannelle en poudre
- ½ c. à café de piment de Cayenne
- 1 - 2 pincées de poivre, à ajuster en fonction des goûts
- 200 g d'eau
- 400 g de pois chiches, en conserve, égouttés
- ½ citron confit, rincé et détaillé en dés
- 4 c. à soupe de yaourt nature, non sucré
- ½ bouquet de coriandre fraîche, ciselée

Préparation

1. Hacher l'oignon et l'ail.
2. Ajouter l'huile d'olive et faire rissoler le tout.
3. Ajouter les carottes, le curcuma, le cumin, la cannelle, le piment, le poivre et l'eau puis faire cuire 25 min.
4. Ajouter les pois chiches, le citron confit, puis laisser cuire encore 3 min. Transvaser dans un plat de service. Servir chaud accompagné du yaourt légèrement fouetté à la fourchette, et parsemé de coriandre.

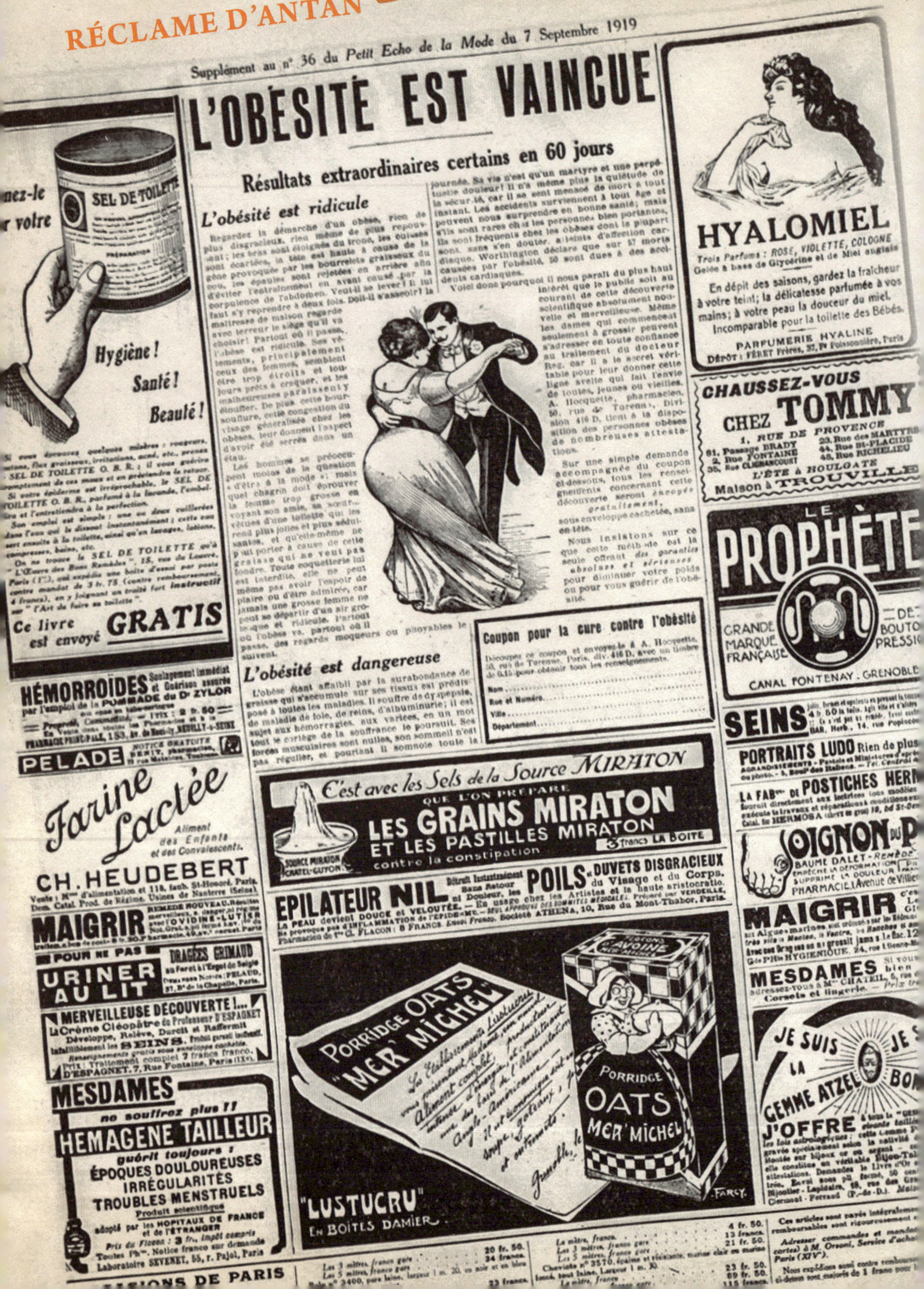

Supplément au n° 36 du *Petit Echo de la Mode* du 7 Septembre 1919

L'OBÉSITÉ EST VAINCUE

Résultats extraordinaires certains en 60 jours

L'obésité est ridicule

Regardez la démarche d'un obèse, rien de plus disgracieux, rien même de plus repoussant ; les bras sont éloignés du tronc, les cuisses sont écartées, la tête est haute à cause de la gêne provoquée par les bourrelets graisseux du cou, les épaules sont rejetées en arrière afin d'éviter l'entraînement en avant causé par la corpulence de l'abdomen. Veut-il se lever ! Il lui faut s'y reprendre à deux fois. Doit-il s'asseoir ! la maîtresse de maison regarde avec terreur le siège qu'il va choisir ! Partout où il passe, l'obèse est ridicule. Ses vêtements, principalement ceux des femmes, semblent être trop étroits et toujours prêts à craquer, et les malheureuses paraissent y étouffer. De plus, cette boursouflure, cette congestion du visage généralisée chez les obèses, leur donnent l'aspect d'avoir été serrés dans un étau.

Les hommes se préoccupent moins de la question « d'être à la mode » ; mais quel chagrin doit éprouver la femme trop grosse en voyant son amie, sa sœur... vêtues d'une toilette qui les rend plus jolies et plus séduisantes, et qu'elle-même ne peut porter à cause de cette graisse qui ne veut pas fondre. Toute coquetterie lui est interdite, elle ne peut même pas avoir l'espoir de plaire ou d'être admirée, car jamais une grosse femme ne peut se départir d'un air grotesque et ridicule. Partout où l'obèse va, partout où il passe, des regards moqueurs ou pitoyables le suivent.

L'obésité est dangereuse

L'obèse étant affaibli par la surabondance de graisse qui s'accumule sur ses tissus est prédisposé à toutes les maladies. Il souffre de dyspepsie, de maladie de foie, de reins, d'albuminurie ; il est sujet aux hémorragies, aux varices, en un mot tout le cortège de la souffrance le poursuit. Ses forces musculaires sont nulles, son sommeil n'est pas régulier, et pourtant il somnole toute la journée. Sa vie n'est qu'un martyre et une perpétuelle douleur ! Il n'a même plus la quiétude de la sécurité, car il se sent menacé de mort à tout instant. Les accidents surviennent à tout âge et peuvent nous surprendre en bonne santé ; mais s'ils sont rares chez les personnes bien portantes, ils sont fréquents chez les obèses dont la plupart sont, sans s'en douter, atteints d'affection cardiaque. Worthington déclare que sur 57 morts causées par l'obésité, 50 sont dues à des accidents cardiaques.

Voici donc pourquoi il nous paraît du plus haut intérêt que le public soit au courant de cette découverte scientifique absolument nouvelle et merveilleuse. Même les dames qui commencent seulement à grossir peuvent s'adresser en toute confiance au traitement du docteur Reg, car il a le secret véritable pour leur donner cette ligne svelte qui fait l'envie de toutes, jeunes ou vieilles. A. Hocquette, pharmacien, 50, rue de Turenne, Division 416 D, tient à la disposition des personnes obèses de nombreuses attestations.

Sur une simple demande accompagnée du coupon ci-dessous, tous les renseignements concernant cette découverte seront *envoyés gratuitement*, sous enveloppe cachetée, sans en-tête.

Nous insistons sur ce que cette méthode est la seule offrant *des garanties absolues et sérieuses* pour diminuer votre poids ou pour vous guérir de l'obésité.

Coupon pour la cure contre l'obésité

Découpez ce coupon et envoyez-le à A. Hocquette, 50, rue de Turenne, Paris, div. 416 D, avec un timbre de 0.15 pour obtenir tous les renseignements.

Nom ....
Rue et Numéro ....
Ville ....
Département ....

Idées de lecture

LES FABLES ASSASSINES
Laurent Ibri

La soirée s'annonce historique au Grand Collège International de France, qui fête cette année son centenaire. Tout le gratin des mécènes et des anciens étudiants est réuni pour assister aux réjouissances. Tout aurait été pour le mieux si un mécène, lors d'un discours aux accents les plus héroïques, ne s'était pas entêté à vouloir s'écrouler devant tout le monde, aussi mort qu'on peut l'être. Cyanure ! dit un personnage qui joue des épaules pour se frayer un chemin jusqu'à la scène. Il s'appelle Albugo Padeloc, le plus grand détective depuis Sherlock Holmes et Hercule Poirot, qu'il dit. Il a tout à sa disposition pour le prouver : des cadavres, des indices en pagaille et des fables à l'interprétation toute personnelle. Faisons confiance au professeur Ranchassel, l'irrésistible ami de Padeloc, pour retranscrire au mot près l'avancée des investigations du prodige.

Laurent Ibri a été journaliste radio avant d'être responsable de communication au Conservatoire national des arts et métiers. Il y exerce de nouveau aujourd'hui le métier de journaliste. *Les Fables assassines* est son premier roman policier.

Éditions Ramsay

À VOUS DE JOUER !

8		5		1			3	6
	2		4				1	
4					9			
9		1			4	5		
				8		6		
					6		9	2
	7				8	9		1
	8			2			5	
6		4			5		2	

Solution page 128

FAITS DIVERS

CONCIERGE VITRIOLEUR

Un employé de banque était au plus mal avec son concierge. Pas un jour ne se passait sans querelle. Ces jours derniers, rentrant vers 4 heures de l'après-midi, il reçut en plein visage le contenu d'un bol de vitriol que venait de lui lancer son irascible cerbère. Le concierge a été envoyé au dépôt et le locataire à l'hôpital.

Carte postale d'antan

Souvenirs

La lessive Bonux et ses cadeaux

La lessive Bonux fait son apparition en 1957 aux États-Unis sous le nom de Bonus. En 1958, elle devient Bonux. Mais la concurrence de Mir ou Omo est déjà importante et il faut se démarquer : Bonux deviendra « la lessive aux cadeaux ». En 1960, un petit garçon dessiné fait son apparition sur les paquets de lessive : Bonux Boy, qui présente toutes les utilisations possibles des cadeaux à gagner... Le succès ne se fait pas attendre : lorsque Bonux atteint sa plus forte cote de popularité, plus de 500 cadeaux sont proposés aux clients. Et l'expression « cadeau Bonux » passe même dans le langage courant ! Le savez-vous ? Les cadeaux Bonux ont finalement disparu en 1990.

04 AVRIL

Mon conseil pour le signe du Bélier en 2022 :

Soumettez vos idées en douceur à ceux qui vous rendent la tâche plus difficile concernant vos plans pour l'année et vous aboutirez à ce que vous souhaitez.

AVRIL

LUNDI	MARDI	MERCREDI	JEUDI	VENDREDI
sem. 13 GONTRAN 28	GWLADYS 29	AMÉDÉE 30	BENJAMIN 31	HUGUES 1
sem. 14 ISIDORE 4	IRÈNE 5	MARCELLIN 6	J.-B. DE LA SALLE 7	JULIE 8
sem. 15 STANISLAS 11	JULES 12	IDA 13	MAXIME 14	PATERNE 15
sem. 16 LUNDI DE PÂQUES 18	EMMA 19	ODETTE 20	ANSELME 21	ALEXANDRE 22
sem. 17 MARC 25	ALIDA 26	ZITA 27	VALÉRIE 28	CATH. DE SIENNE 29

SAMEDI	DIMANCHE
SANDRINE 2	RICHARD 3
◐ GAUTHIER 9	FULBERT 10
○ JOSEPH 16	PÂQUES 17
◑ GEORGES 23	FIDÈLE 24
● ROBERT 30	FÊTE DU TRAVAIL 1

INSTANTS

Bien-être

La vie en rose

Le doux parfum des roses procure de véritables moments de bonheur. Par exemple, un peu d'huile de rose ajoutée à l'eau du bain, quelques gouttes d'huile essentielle dans une lampe diffuseur font des miracles après une dure journée. Le parfum des roses a un effet apaisant et antidépresseur. Appliquez un lait pour le corps à la rose ou mettez un petit flacon d'huile de rose dans votre sac. Dans les moments de stress, respirez-en pour vous apaiser... ou avant un exercice de respiration.

Merci

D'un point de vue objectif, un compliment est agréable : quelqu'un me dit que j'ai réussi quelque chose, que quelque chose est particulièrement joli sur moi, dans mon appartement, mon jardin, ma nouvelle coiffure. Étrange que nous ne puissions que rarement l'accepter simplement sans avoir le sentiment de devoir relativiser : tu trouves vraiment ? C'est seulement le hasard ! Mais non, ton appartement est beaucoup plus beau que le mien – c'est ce que nous disons, et nous croyons le penser vraiment.
Mais, en y regardant de plus près, c'est un don merveilleux que de pouvoir accepter un compliment pour ce qu'il est. Une remarque amicale, l'expression du plaisir que nous avons procuré à quelqu'un en étant comme nous sommes ou en ayant fait quelque chose.
Essayons donc simplement de voir ce que cela fait de dire « merci, je trouve aussi » et de s'observer en même temps.

La coutume des œufs de Pâques

Parmi les vieilles coutumes populaires qui ont traversé les siècles, transmises d'âge en âge, et qui sont parvenues jusqu'à nous, modifiées et affaiblies par le temps, celle des œufs de Pâques, dont il ne reste plus que le souvenir traditionnel, mérite de fixer notre attention pour les faits curieux qui s'y rattachent ; il n'est pas sans intérêt d'en rechercher l'origine et d'en tracer l'historique.

Quelques auteurs n'ont voulu y voir que la réminiscence d'un usage pratiqué par les anciens, et ils ont appuyé leur opinion sur les étrennes que les Romains se donnaient en mémoire de Castor et de Pollux, et qui se composaient entre autres choses d'œufs peints de différentes couleurs, mais où dominait le rouge. D'autres ont prétendu que cette coutume avait pris naissance en Orient où, en effet, elle existe depuis un temps immémorial.

Beaucoup la font remonter aux premiers temps du Christianisme. En effet, les premiers chrétiens observaient avec tant de rigueur les lois de l'Église sur l'abstinence du carême, qui, outre les viandes, interdisaient l'usage du lait, du beurre, du fromage et des œufs, qu'il n'est pas étonnant qu'ils célébrassent le retour des fêtes de Pâques en faisant figurer sur leurs tables les mets dont ils avaient été privés pendant la sainte quarantaine. Les œufs surtout, dont on avait eu le temps de faire de fortes provisions, furent échangés en cadeaux, et pour donner plus de prix à ces sortes de présents, on les enjoliva en les peignant de différentes couleurs ou en les ornant de dessins variés. Les paysans allèrent en offrir à leurs seigneurs ou à leurs maîtres, et en portèrent de grandes quantités sur les marchés des villes voisines pour y être exposés en vente.

Nos aïeux attachaient d'ailleurs une grande importance à l'abstinence des œufs, leur mets favori, puisque nous voyons que Théodule, évêque d'Orléans, enseignait en 607, dans une instruction adressée aux prêtres de son diocèse relativement à l'abstinence des jours de jeûne, qu'il estimait « être un homme d'une grande vertu celui qui pouvait s'abstenir d'œufs, de fromage, de poisson et de vin ».

IL Y A 50 ANS

6 avril 1972 – Brigitte Dewèvre, 16 ans, est retrouvée morte dans un terrain vague. C'est le début de l'affaire de Bruay-en-Artois.

21 avril 1972 – Décès du journaliste et patron de presse Pierre Lazareff. Il fut le créateur du quotidien France-Soir dont le tirage atteignait les 2 millions d'exemplaires.

23 avril 1972 – Référendum sur l'élargissement des Communautés européennes au Royaume-Uni, à l'Irlande, au Danemark et à la Norvège : 40 % d'abstention, 11,61 % de votes blancs, 67,71 % de oui.

L'abstinence des œufs et du laitage était fondée sur ce que ces aliments sont une production animale. Mais l'Église sut apporter un adoucissement à ses plus sévères prescriptions. C'est ainsi que le concile tenu à Aix-la-Chapelle, en 817, autorisa ceux qui, à cause de la cherté de l'huile, ne pouvaient en faire usage les jours maigres pour la cuisson de leurs aliments à se servir, au besoin, de lard, de graisse ou de beurre. Plus tard, cette dernière substance fut seule permise, mais cette permission fut à son tour retirée par le concile d'Angers, en 1355, qui défendit à quelque personne que ce fut l'usage du lait et du beurre en carême, même dans le pain et les légumes, à moins qu'elle ne fût pourvue d'une permission particulière.

Depuis la première Révolution, tous ces usages ont disparu. Dans quelques-unes de nos provinces, on a seulement conservé la coutume de s'offrir des œufs coloriés ; il n'en a pas été de même dans diverses autres contrées d'Europe, où d'aussi grands changements ne se sont pas opérés dans les mœurs. C'est ainsi qu'en Suisse, en Angleterre, en Suède, mais plus particulièrement encore en Italie, en Allemagne et en Russie, la coutume des œufs de Pâques n'a subi que de légères modifications, et offre un caractère particulier.

La coutume des œufs de Pâques a donné lieu, dans un grand nombre de villes et de villages, à des divertissements et des jeux publics. Ce jeu est pratiqué depuis un temps immémorial à Coire, une ville de nos voisins suisses, le lundi de Pâques. Les compagnons meuniers et boulangers d'un côté et les compagnons bouchers de l'autre se réunissent sur une grande prairie, à la porte de la ville. Ils y viennent en habits de fête et musique en tête. On place sur le gazon cent un œufs, à la distance de plus d'un mètre l'un de l'autre. Au bout de cette ligne, un meunier se tient assis sur un banc, un panier devant lui. C'est alors qu'un boulanger doit jeter tous ces œufs dans le panier dans le temps qu'un boucher doit mettre à courir à un village voisin, y boire un verre de vin et revenir. Si nonobstant l'inhabileté du jeteur, les œufs se trouvent tous dans le panier avant le retour du coureur, les boulangers ont gagné. Si c'est le contraire qui a lieu, ce sont les meuniers qui remportent le prix. Cet amusement attire ordinairement un grand concours de curieux à Coire, et se termine toujours par des repas, des danses et des chants.

Joseph Mathieu, journal *Lou Cassaïre* (27 mars 1864)

Au pays de Buffon

À Montbard, nous sommes au pays de Buffon et de son collaborateur Daubenton. Le donjon pittoresque que vous apercevez sur la hauteur touffue est celui qu'habita l'illustre auteur de *L'Histoire naturelle*.

Au Moyen Âge, les ducs de Bourgogne y tinrent fréquemment leur cour. Jean sans Peur y fut élevé et, en 1423, y eut lieu le mariage de la princesse Anne, sœur de Philippe le Bon, avec le fameux duc de Bedford, régent de France.

Le château tombait en ruine lorsque Buffon, qui n'avait pas encore le titre de comte, l'acheta en 1742. Il le fit reconstruire et la demeure perdit son caractère féodal pour revêtir l'aspect bourgeois. Alors furent créés ces magnifiques jardins en terrasses, réunis par des escaliers, qui constituent aujourd'hui un des plus beaux parcs-promenades de France. Du bâtiment primitif, le nouveau propriétaire ne conserva que le massif mur d'enceinte et le gros donjon à quatre étages, carré d'un côté et mi-octogonal de l'autre, que termine une plate-forme munie de créneaux et de mâchicoulis.

L'intérieur en est encore tel qu'il était au XVIIIe siècle, et l'on montre toujours dans le parc le cabinet de travail de l'écrivain. De la tour-belvédère, haute de 49 mètres, Buffon pouvait dominer toutes les collines et tous les mamelons de la région bourguignonne d'alentour, et y étudier, comme on l'a remarqué, cette « correspondance des angles rentrants et des angles saillants des montagnes » qui joue un si grand rôle dans la *Théorie de la Terre* et dans les magnifiques tableaux des *Époques de la Nature*. C'était, à vrai dire, un théâtre restreint pour un observateur scientifique. Rien de sublime dans ces horizons de Montbard, dont les lignes s'harmonisent et s'ordonnent avec une sorte de majesté sereine qui se reflète dans le style même de Buffon, mais les hardiesses de l'hypothèse et l'ampleur de l'intuition aidant, l'esprit de l'écrivain sut apercevoir, par-delà son petit monde natal, le grand monde dont il aspirait et nous retracer les révolutions et la genèse.

La sépulture de Buffon se trouve dans l'église, édifice des XIIe et XVe siècles situé à gauche du terre-plein sur lequel est le donjon. Au devant, en dehors du parc, s'élève sa statue, sculptée en bronze par Dumont. Elle le représente debout, la tête nue, avec l'habit brodé et la culotte courte. Dans la main droite il tient un crayon, dans la gauche un rouleau de papier sur lequel on lit : « Histoire naturelle ».

Jules Gourdault,
***La France pittoresque* (1893)**

RECETTE

Sauté de veau

TEMPS DE PRÉPARATION
10 MIN

TEMPS TOTAL
2 H 10 MIN

4 PERSONNES

Ingrédients

- 40 g d'huile d'olive
- 2 gousses d'ail ou 40 g d'oignon jaune, coupé en lamelles
- 500 g de sauté de veau, détaillé en cubes (3 cm)
- 80 g d'oignon, coupé en morceaux
- 150 g de chorizo, coupé en rondelles
- 300 g de vin blanc
- 600 g d'eau
- 300 g de carottes, coupées en rondelles
- 3 pincées de sel, à ajuster en fonction des goûts

Préparation

1. Dans une poêle, mettre 20 g d'huile et 1 gousse d'ail, et faire revenir 5 min.
2. Ajouter 250 g de veau en cubes, puis faire revenir. Transvaser dans un récipient et réserver.
3. Ajouter les 20 g d'huile et la gousse d'ail restants, puis faire revenir à nouveau 5 min.
4. Ajouter les 250 g de veau en cubes restants, puis cuire quelques minutes. Transvaser dans le récipient avec l'autre moitié de veau.
5. Une fois haché, ajouter l'oignon.
6. Ajouter les rondelles de chorizo et faire rissoler 5 min.
7. Ajouter le vin blanc, faire cuire 5 min et réserver.
8. Mettre la préparation aux oignons, le sauté de veau doré, les carottes, l'eau et le sel dans un faitout, puis faire cuire lentement pendant 1 h 30 min. Rectifier l'assaisonnement et servir sans tarder.

RÉCLAME D'ANTAN

EAU DE SUEZ
ANTISEPTIQUE, VACCINE de la BOUCHE
Préserve les Dents, les Guérit, les Conserve
Seul Dentifrice qui Supprime les
MAUX DE DENTS
POUDRE et PATE Dentifrices de Suez
Demander Brochure à M. SUEZ, 14, Rue de l'Echiquier, Paris.

VIN de BUGEAUD
TONI-NUTRITIF
au QUINQUINA et au CACAO
Le Roi des Toniques; le seul préparé avec le Quinquina jaune royal et un Vin de qualité supérieure.
TOUTES PHARMACIES

Flacon : 5 fr. — Franco : 5 fr.
PURETÉ DU TEINT
Étendu d'eau le
LAIT ANTÉPHÉLIQUE
ou Lait Candès
Dépuratif, Tonique, Détersif, dissipe Hâle, Rougeurs, Rides précoces, Rugosités, Boutons, Efflorescences, etc., conserve la peau du visage claire et unie. — A l'état pur, il enlève, on le sait, Masque et Taches de rousseur.
Il date de 1849
CANDÈS, Paris — Bd S.-Denis, 15
et chez les Parfumeurs et Coiffeurs.

Le Meilleur Purgatif
APPROUVÉ PAR L'ACADÉMIE DE MÉDECINE
Le plus Agréable contre Constipations, Migraines, Congestions.
POUDRE ROGÉ
Délayer le Flacon de la POUDRE ROGÉ dans une 1/2 bouteille d'eau froide pour obtenir la Limonade Purgative.
DÉTAIL : 9, Rue du Quatre-Septembre, Paris.
ET TOUTES PHARMACIES.
VENTE EN GROS : 19, Rue Jacob, Paris.

Mme Emma GUELLE, MÉD. D'OR
3, Place du Théâtre Français, 3
Corset-Cuirasse, pr amincir la taille sans gêner.
Buse Articulé, ne fatiguant jamais la poitrine.
Corset à épaulières, contre la tendance à se voûter.
Corsets de Nuit, du Matin, sans busc ni baleines.
Corsets Orthopédiques. — Coussins creux.

RIDES CICATRICES, TACHES, TRACES DE PETITE VEROLE
Pr les effacer, éc. à M. A. HERZOG, Le Raincy (S.-&-O.)

L'UTILE Siège antiseptique et hygiénique à effeuiller composé de 100 feuilles de papier imperméable fixées sur un carton. — Indispensable dans les water-closets. — *Installation des plus faciles sans détériorer les sièges en bois*, breveté s. g. d. g.
PRIX : 2 fr. 95, le même papier ordinaire, 2 fr. 25.
Seul Fabrict et Concessionnre : Mon TROGNEUX, 8, R. Mab Ilon, Paris
En Vente chez tous les Pharmaciens et Herboristes.

CAPSULES-AZYMES

Pour envelopper soi-même les médicaments solides et liquides, leur forme ovale facilite l'absorption.

Boîtes de	25.	50 et	100.
franco	0 fr. 60	1 fr. 15	1 fr. 70. *Sans accessoires,*
franco	1 fr. 15	1 fr. 75	2 fr. 25. *avec accessoires.*

S'adresser au Service des Achats
Bureaux du Journal

DENTITION
SIROP DELABARRE
3f 50 SANS NARCOTIQUE (LE FLACON)

Pour éviter les Contrefaçons
N'accepter que les Flacons portant :
1o Les mots **Sirop Delabarre** sur le **Fond noir** de la *Brochure jaune* entourant l'étui (conformément au spécimen ci-dessus);
2o Le **Timbre officiel** sur l'*Étui* du **Flacon**.
FUMOUZE-ALBESPEYRES, 78, Faubg Saint-Denis, PARIS.

PELADE CHUTE des CHEVEUX et de la BARBE par Plaques. GUÉRISON radicale et infaillible par la TINEINE BIGET. LA BROCHURE contenant le TRAITEMENT, les ATTESTATIONS de GUÉRISON, une NOTICE sur les maladies inflammatoires des YEUX et sur les soins du CUIR CHEVELU, est envoyée gratuitement et franco sur demande ... BIGET, phcn, MUSSIDAN (Dordogne).

Seule Maison recommandée de...
X. DORANGE Échantillons
22, r. St-August...

RAIFORT-IODÉ
J. BUCI
SIROP FAIT A FROID

Contre les *Glandes du Cou — Rachitisme — Mollesse des Chairs — Pâleur — Eruptions de la Peau — Croûtes de Lait,* etc.

Il remplace les huiles de foie de morue ; c'est un **fluidifiant** et un **dépuratif énergique.** — PARIS, 22 & 19, RUE DROUOT.

POUR MAIGRIR
J'indique **gratis** un moyen réellement infaillible, ne nuisant jamais à la santé et très facile à employer. **Ce renseignement ne coûte rien.** Il suffit de m'écrire et *j'envoie franco,* par lettre fermée, l'indication de la méthode. **CHARDON,** *24, Rue de Chabrol, Paris.*

LA NEUFALINE
nettoie en **5 MINUTES** Gants, Velours, Rubans, Chapeaux *mieux que le dégraisseur*
PHARMACIES ET MAGASINS DE NOUVEAUTÉS

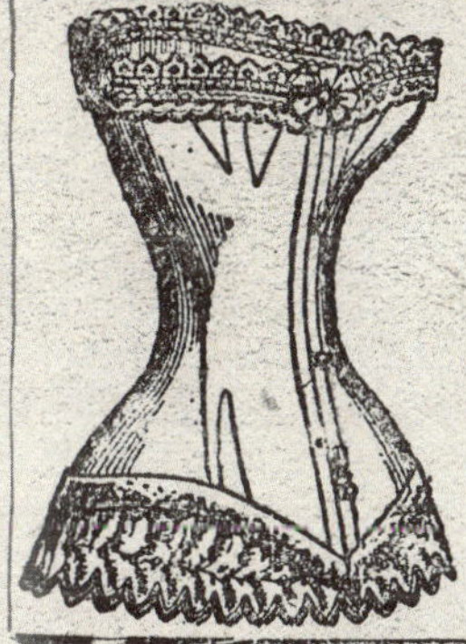

LEGRAIN
195, 197, Rue St-Denis
PARIS

Nul Corset ne peut être comparé au Corset Legrain pour la beauté de la forme, l'élégance, la solidité, et ne causant aucune gêne.

ENVOI FRANCO DU CATALOGUE.

ROYAL WINDSOR
LE CÉLÈBRE
RÉGÉNÉRATEUR DES CHEVEUX

AVEZ-VOUS DES CHEVEUX GRIS? AVEZ-VOUS DES PELLICULES? VOS CHEVEUX TOMBENT-ILS?

SI OUI, **Employer le ROYAL WINDSOR. Ce produit *par excellence* rend aux Cheveux gris la couleur et la beauté naturelles de la jeunesse. Il arrête la chute des Cheveux et fait disparaître les pellicules. Résultats inespérés. Exiger sur les flacons les mots ROYAL WINDSOR.** Chez les Coiffeurs-Parfumeurs en flacons et demi-flacons. — **Envoi franco du prospectus sur demande.**

…is 30 ans par la *Mode illustrée*
…ranco
…, Paris **PAPIERS PEINTS**

À VOUS DE JOUER !

6		9						
	4			6	3		2	
			4		1		5	
	5		3					9
3		6		1		7		
9				2	7		1	
		1	2		9		8	
2		8		7			3	4
	7			4		6		

Solution page 128

FAITS DIVERS

LA FEMME SAUVAGE

À la suite d'une querelle avec un jardinier, une dame Augustine Sauvage, prise d'un accès de rage folle, se jeta sur le malheureux homme, M. Jules Lemoine, trente-trois ans, lui arrachant le nez avec les dents et lui tranchant deux doigts de la main droite.

Carte postale d'antan

Souvenirs

Le bâton de réglisse

Ces petits bâtons d'une dizaine de centimètres ont régalé de nombreux enfants. Ces friandises peu sucrées étaient mâchées pendant des heures par les amateurs. Ils sont toujours disponibles aujourd'hui et ils sont souvent mâchés par les fumeurs qui essayent d'arrêter le tabac.

05

MAI

Mon conseil pour le signe du Taureau en 2022 :

Cette année, tout sera un jeu d'enfant pour vous à condition de laisser à bonne distance ceux qui ont le don de vous rendre irritable.

MAI

Semaine	LUNDI	MARDI	MERCREDI	JEUDI	VENDREDI
sem. 17	MARC 25	ALIDA 26	ZITA 27	VALÉRIE 28	CATH. DE SIENNE 29
sem. 18	BORIS 2	PHIL. JACQUES 3	SYLVAIN 4	JUDITH 5	PRUDENCE 6
sem. 19	◐ PACÔME 9	SOLANGE 10	ESTELLE 11	ACHILLE 12	ROLANDE 13
sem. 20	○ HONORÉ 16	PASCAL 17	ÉRIC 18	YVES 19	BERNARDIN 20
sem. 21	DIDIER 23	DONATIEN 24	SOPHIE 25	ASCENSION 26	AUGUSTIN 27
sem. 22	● FERDINAND 30	VISITATION 31			

SAMEDI	DIMANCHE
ROBERT 30	FÊTE DU TRAVAIL 1
GISÈLE 7	VICTOIRE 1945 8
MATHIAS 14	DENISE 15
CONSTANTIN 21	◑ ÉMILE 22
GERMAIN 28	FÊTE DES MÈRES 29

Cinq minutes seulement

S'asseoir cinq minutes pour pratiquer la pleine conscience, cela semble simple, alors on se lance avec les meilleures résolutions. Une fois assis, on s'aperçoit que même ce court moment nous semble long. On peut avoir mal de dos, les jambes s'agitent et on ressent l'envie de se lever immédiatement et de s'enfuir.

C'est tout à fait normal. Car quand on a l'habitude d'aller toujours à plein régime, il est difficile par nature de rester tranquillement assis. Il va vous falloir un peu de temps avant que ce soit plus facile. Mais avec un peu de patience, vous verrez finalement que vous ne pourrez plus vous passer de vos cinq minutes.

Enfin réglé

Connaissez-vous ce sentiment d'une tâche désagréable, la déclaration d'impôts, une discussion ou simplement une action de rangement, trop longtemps repoussée jusqu'à ce qu'elle vous semble énorme et ingérable ? La science a même trouvé un mot pour cela : la procrastination.

Il semble qu'il soit dans la nature de la plupart des gens de chercher d'abord des excuses avant qu'il y ait urgence et qu'il n'y ait plus d'échappatoire. L'expérience montre que la chose se révèle bien moins difficile quand on s'y met.

Vous en savourez d'autant plus une délicieuse satisfaction quand la chose est réglée ! Ce serait dommage de passer aussitôt à la prochaine tâche sans vous féliciter pour le courage et la discipline dont vous avez fait preuve ; savourez les classeurs soigneusement rangés au bureau, la cuisine reluisante, l'air pur après une querelle. Vous l'avez fait !

Menhirs et dolmens de l'Yonne

La plupart des pierres qui ont le privilège de mettre en mouvement l'esprit populaire sont vraisemblablement des restes des anciens monuments (menhirs, cromlechs, etc.) établis à l'époque du druidisme, ou du moins utilisés par lui.

Si le sens et la destination de ces monuments ont été tellement oubliés que la science moderne a grand-peine à les retrouver, l'imagination des masses ne s'est pas arrêtée aux mêmes hésitations. Sans se préoccuper de savoir si ces gigantesques vestiges n'ont pas été employés jadis pour le culte, pour les funérailles, la justice, la délimitation de territoires, elle en a fait depuis longtemps autant d'objets de superstitions, de légendes, d'espérances et de terreurs.

Assez nombreux ont sans doute été autrefois ces mégalithes dans nos contrées. Des menhirs existent ou ont été signalés comme détruits dans trente ou quarante

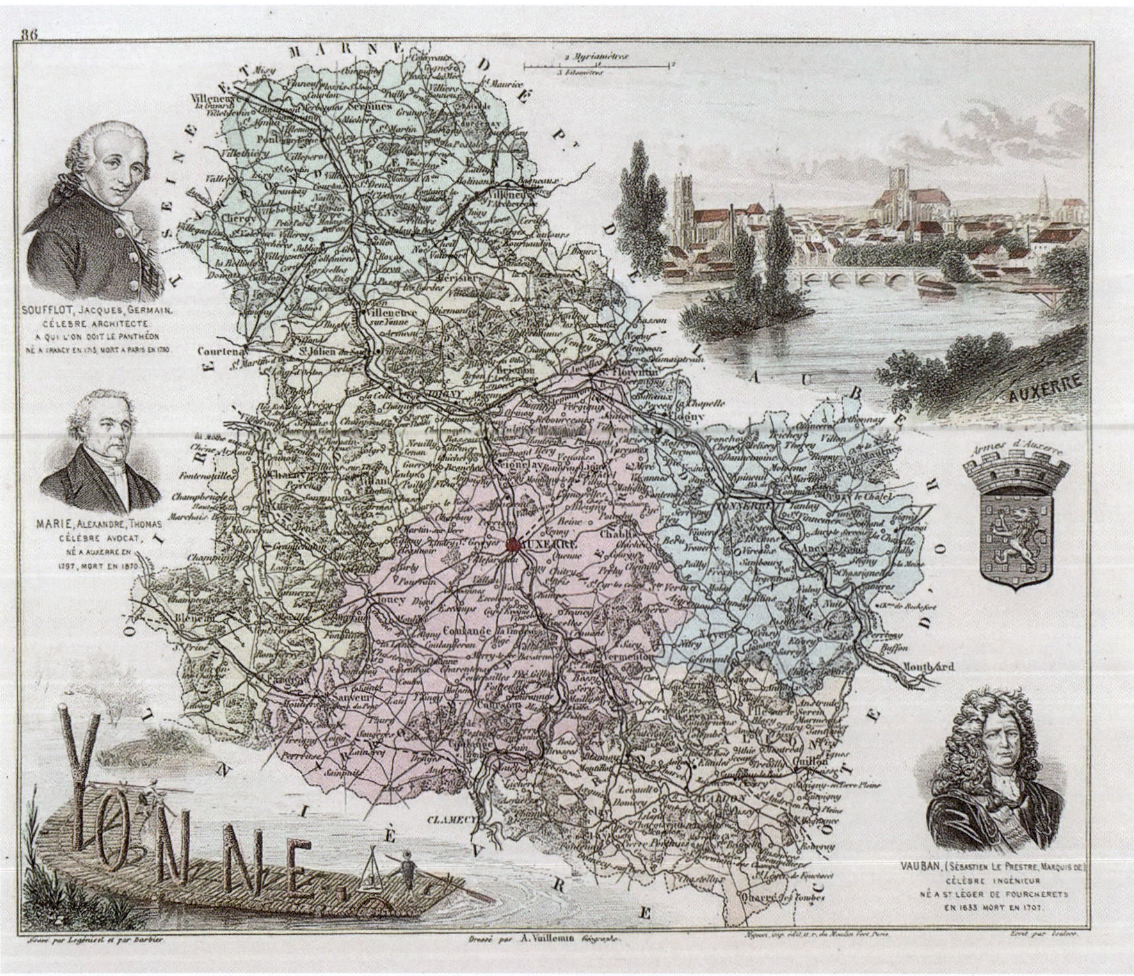

IL Y A 50 ANS

14 mai 1972 – Après vingt-sept ans d'occupation américaine, Tokyo retrouve sa souveraineté sur l'archipel d'Okinawa.

23 mai - 4 juin 1972 – Bataille du lait : des camions de collecte de lait sont interceptés par des groupes de paysans qui réclament une augmentation du prix aux laiteries et coopératives.

26 mai 1972 – Signature, à Berlin-Est, du traité sur la circulation entre les deux Allemagne.

communes. Les dolmens semblent avoir été encore moins épargnés. On en a seulement rencontré sur quatre ou cinq communes. Mais, malgré leur disparition, la multiplicité de ces monuments est attestée par les appellations caractéristiques des climats où ils étaient situés.

Voyons quelles idées s'attachent à quelques-unes de ces pierres que l'on rencontre encore aujourd'hui.

À Aillant-sur-Tholon, près de la forêt, est un menhir appelé Pierrefitte (pierre fichée, plantée). Selon la croyance populaire, chaque matin avant le lever du soleil, on trouve au pied de cette pierre un pain et une bouteille de vin. À sept kilomètres d'Aillant, au milieu des bois, se dresse une pierre taillée en prisme quadrangulaire de 87 centimètres de hauteur et de 35 centimètres de largeur, qu'on désigne sous le nom de la Grande-Borne. D'après une légende, pendant l'évangile de la messe de Pâques et celui de la messe de minuit, apparaissent sur cette pierre un gâteau, une bouteille de vin et un plat d'argent destiné à recevoir les offrandes. Même légende pour un mégalithe, appelé aussi la Grande-Borne, à La Ferté-Loupière.

Près d'Avallon, au lieu-dit Gargant, existe un monolithe de 5 à 6 mètres de hauteur qualifié de « Petit Doigt de Gargantua ». Certains habitants de la contrée ne passent auprès de cette pierre qu'avec épouvante : c'est là, croient-ils, que les fées viennent, chaque nuit, tenir leur sabbat.

À Mâlay-le-Vicomte est un mégalithe percé d'un trou, qui dépasse le sol d'environ un mètre. On l'appelle la Borne-Percée. Autrefois, quand un animal domestique était malade, on le conduisait à cette borne, et pour obtenir sa guérison on faisait passer par le trou une pièce de monnaie qu'on ne ramassait pas. Les Pierres ou Bornes-Percées, presque sur tous les points de la France où elles se rencontrent, ont donné sujet à des usages superstitieux. À Draché (Indre-et-Loire), on voit un gros bloc de rocher percé de main d'homme. Les paysans allaient autrefois plonger dans le trou leurs membres malades pour les guérir. À Aucelle (Hautes-Alpes), les jeunes mariés vont passer leurs bras dans l'orifice d'un monolithe percé.

À Vaumort, pays dont les habitants ont une antique réputation de sorciers, plusieurs pierres indiquent par leurs noms qu'on y attachait des idées superstitieuses. Ainsi Pierre-au-Diable ou du Sabbat, Borne du Sabbat, Borne-aux-Sorciers, etc. Objets de craintes superstitieuses aussi : la Roche des Fées ou la Margot du Bois, pierre de 2,30 mètres de hauteur, près de Pizy (bois de Glanon) ; la Pierre-au-Diable, menhir situé sur le territoire de Pont-sur-Vanne ; le Four-au-Diable, aux Bordes et à Chéroy, amas de roches dont autrefois, dans ce dernier pays, on menaçait les enfants comme d'un croquemitaine ; la Femme-Blanche, dans la forêt de Morcou, près de Châtel-Gérard. Quand on passe devant ce menhir de 2,50 mètres de hauteur, on fait le signe de la croix pour conjurer les maléfices.

Dans des taillis au-dessous de Villemanoche on rencontre de nombreux blocs de grès parmi lesquels s'en détache un plus volumineux que les autres, que l'on appelle la Pierre de Minuit. Une légende dit que ce mégalithe va, chaque année pendant la messe de minuit, se désaltérer dans la rivière d'Yonne, qui cependant coule à une assez grande distance.

Près de Treigny, au hameau du Midi, il y avait autrefois plusieurs mégalithes, dont l'un avait pour désignation la Pierre du Midi ou À Midi ; non pas que la pierre tirât son nom du hameau (elle en était probablement plutôt la marraine que la filleule), mais parce qu'à l'heure de midi elle tournait sur elle-même. Pour comble de merveille, ce mouvement de rotation n'était perceptible que lorsqu'on était à jeun et que l'on avait la conscience absolument nette.

Sur un rocher à proximité de Châtel-Censoir, une autre pierre, de 8 mètres de haut sur 3 de large au sommet, tourne également à midi. On ne dit pas qu'il faille avoir la conscience pure pour la voir s'agiter, et cependant personne n'affirme avoir jamais été témoin de ses mouvements. On suppose d'ailleurs que les pierres tournantes étaient jadis employées pour les épreuves judiciaires. De nos jours, en Bretagne, elles servent encore parfois aux maris pour éprouver la fidélité de leurs femmes. Quand une femme est suspectée par son mari, il la met en demeure de faire mouvoir une Pierre-qui-vire. Si elle n'y réussit pas, elle est considérée comme coupable.

Tout près de Cure est une roche dite du Grand Veneur, personnage dont la légende se rapproche fort de celle de son collègue de la forêt de Fontainebleau. L'un et l'autre apparaissent quand quelque grand événement national (mort de prince, abdication, révolution) se prépare. C'est l'ancien Homme Rouge des Tuileries à la campagne.

Sur un des coteaux qui dominent le village de Moutiers, il se trouve une grosse pierre qui gêne certainement le travail du laboureur, mais qu'on se garde bien d'arracher, parce qu'il est de croyance que si elle était enlevée toute la vallée du Loing jusqu'aux maisons de Saint-Sauveur serait aussitôt submergée.

C. Moiset, « Usages, croyances, traditions, superstitions, etc. »,
***Bulletin de la Société des sciences historiques et naturelles de l'Yonne* (1888)**

RECETTE

Bruschetta

de radis

TEMPS DE PRÉPARATION
5 MIN

TEMPS TOTAL
5 MIN

6 PERSONNES

Ingrédients

- 200 g de radis
- 40 g d'échalotes
- 1 c. à soupe de ciboulette fraîche, ciselée
- 150 g de fromage frais
- 2 pincées de sel
- 2 pincées de poivre

Préparation

1. Hacher ensemble les radis et les échalotes.
2. Ajouter la ciboulette, le fromage frais, le sel et le poivre, puis mélanger. Transvaser dans un récipient et réserver au réfrigérateur. Servir bien frais sur des tranches de pain.

LE PETIT ÉCHO DE LA MODE

LESSIVE
sans chlore ni acide
nettoie et blanchit le linge
Produit du LION NOIR

LION BLANC

Supprime l'emploi du savon
91, Grande Rue, 91
MONTROUGE -:- (Seine)

Pilules Orientales

Développement, Fermeté, Reconstitution du Buste chez la Femme.
Le flacon avec notice 7 fr. 50 franco. — J. RATIÉ, Phⁿ, 45, Rue de l'Échiquier, Paris.

ON - MIGRAINE - ROUGEURS
CONSTIPATION
MALADIES du FOIE, BOUTONS
GUÉRIS PAR LE
CHARLES CHANTEAUD
IF — PURGATIF — DÉPURATIF

Gros Grain Baleiné

POUR MONTE-JUPES

Breveté en France S.G.D.G. et à l'Étranger

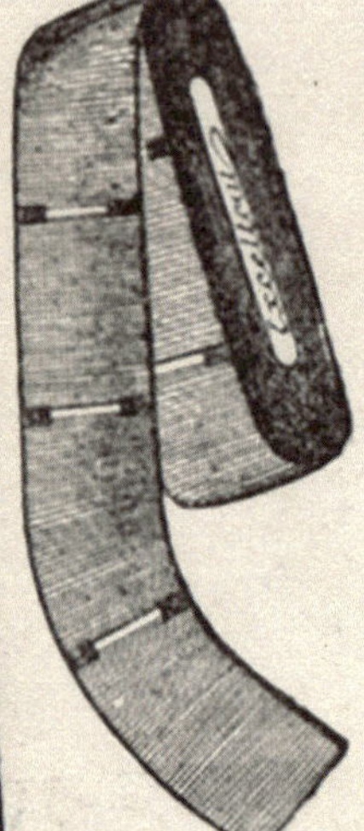

A BALEINES VISIBLES
INTERCHANGEABLES
SANS COUTURES

Les Seuls permettant la suppression ou le remplacement instantané des baleines gênantes ou cassées.

2 QUALITÉS en noir et blanc et toutes largeurs

Exceltout — Qualité Extra
Le Populaire — Qualité Supérieure

En Vente dans les Grands Magasins et dans les bonnes Maisons de Mercerie et Fournitures pour Couturières.

FABRICANTS { *Honoré Vinson* — St-Étienne (Loire).
LADAVIÈRE, ROUSSON, VINCENT & Cⁱᵉ, Sucʳˢ

SAVEZ-VOUS ENFONCER un CLOU?
SI OUI
Économisez vos Chaussures
en les ressemelant vous-mêmes avec
SMELDUR
en cuir chromé imperméable
plus solide que le meilleur cuir.

BUREAUX : 150, Rue Lafayette, Paris (10ᵉ)
TÉLÉPH. NORD 38-11
MAGASINS DE VENTE et de POSE : 91, Rue Lafayette (9ᵉ) ; 4, Place Budapest (9ᵉ)
CATALOGUE GRATIS ET FRANCO

POILS
ET DUVETS
LE DÉPILATOIRE FAVOR
"FAVORITE"

H.W. GOODSOHN
DÉVOILE SON SECRET
IL ABOLIT A JAMAIS LES TEINTURES
UNE LOTION salutaire qui rend progressivement aux Cheveux - Moustache - Barbe - Sourcils, leur NUANCE NATURELLE

Oratoire des Phocéens — NICE

BIJOUX GOLDTUBÉ
Rachetés après usage à 0 fr. 50 le gramme
PRIX : 1 f. 50
(Port : 0 fr. 25)

Nous offrons cette jolie nouveauté la BAGUE ÉCUSSON Porte-Bonheur
BIJOUX GOLDTUBÉ, Rayon
211, rue Saint-Honoré, PARIS

EPILATEUR NIL
LA PEAU devient DOUCE et VELOUTÉE.
POILS - DUVETS DISGRACIEUX du Visage et du Corps.
Société ATHENA, 10, Rue du Mont-Thabor, Paris.

Crème de Beauté
Royal Frisure
Drapées Turques
Royal Epilatoire
PICARD

CONSTITUANT COMPLET DE L'ORGANISME
JULES DEBARD, Médication moderne
— 4 fr. 50 franco
SSADE, pharm. Beaune la-Rolande (Loiret).

Contre les MIGRAINES, MAUX d'ESTOMAC, DIGESTIONS DIFFICILES
Essence de Camomille
du Dr CHALK
3 Fr. le Flacon
Phⁱᵉ DETCHEPARE, Biarritz et toutes Pharmacies

LA
Tisane des Chartreux
Est le Roi
des Dépuratifs du Sang
Elle guérit : les maladies d'estomac, digestions pénibles, constipation, rhumatismes, douleurs nerveuses, maladies de peau, eczémas boutons, maladies des femmes, retour d'âge et toutes affections dues à l'âcreté du sang.
Le flacon 6 fr. (impôt compris) dans les meilleures Pharmacies
J. BERTHIER, Grenoble.

LE VIN EST CHER !
Buvez la délicieuse
BOISSON FRUITA
PRÉPARATION INSTANTANÉE
La Meilleure des Boissons de Table
Prix : 2 fr. 50 le flacon pour 10 litres
Société FRUITA, 42, rue Beaumarchais, Montreuil (Seine)

Maladies de la Femme
LE RETOUR D'AGE

Exiger ce portrait

JOUVENCE de l'Abbé Soury
La JOUVENCE de l'Abbé SOURY
Mag. DUMONTIER

ANÉMIE
NEURASTHÉNIE, FAIBLESSE, CHLOROSE
DESCHIENS

SEINS
Comment j'ai effacé mes RIDES

LA FABᵀ DE POSTICHES HERMOSA

TAMPONS Dentaires de A. PINOT
Maux de Dents

POILS
Épil. ULTRA-RAPIDE

Ne Pas Confondre
CORS

UN MÉDECIN DE CAMPAGNE

PATE ÉPILATOIRE
DUSSER
Presque Centenaire

Satinor
MESDAMES, MESDEMOISELLES
Pour votre Beauté
BLANCHIT LA PEAU ÉCLAIRCIT LE TEINT

LOUY & Cⁱᵉ

ANTI-ÉPILEPTIQUE de LIÈGE
guérit toutes les maladies nerveuses
FANYAU, Pharmacien, LILLE

Idées de lecture

L'EMPREINTE DE L'OUBLI
Daniel Dupuy

Pour Max, le cauchemar commence en 2018, juste au moment où il envisage une retraite bien méritée. Aucun doute, depuis quelques temps quelqu'un l'épie et le suit. Il sent comme une présence invisible et néfaste. Sa mémoire commence à le propulser dans un passé plus lointain. Pourtant les doutes deviennent de plus en plus fréquents et inquiétants quand il réceptionne un carton d'invitation le conviant à assister à la cérémonie du premier anniversaire de la mort d'une personne qu'il ne connait pas. Une angoisse inexplicable perturbe son sommeil d'abord puis son quotidien. Max prend une décision. En un demi-siècle, son visage a tellement changé que personne ne le reconnaitra. Il s'en retourne investiguer anonymement dans la petite ville du midi où il a passé son enfance. Il doit percer cette énigme pour mettre fin à son tourment. Il ignore que la tête des autres aussi a changé et que ce retour en arrière lui réserve une surprise de taille...

Daniel Dupuy, historien de profession, se consacre depuis 2007 a sa principale passion, la littérature. Fort d'un premier succès avec *Fontcouverte*, publié dans la collection « Terre de poche » et qui a obtenu le prix Charles Exbrayat 2007, il continue de publier des romans à succès comme *Le mystère Fontbrune* ou *Le pont du diable* (De Borée). *L'Empreinte de l'oubli* est son septième roman.

Éditions Ramsay

À VOUS DE JOUER !

	4						2	7
			7	3			1	
5	1				8			6
	2					8	5	
4			5		3			
		8		2			7	4
	6				5	2		9
2				4				1
7		9	1				8	

Solution page 128

FAITS DIVERS

MARI ASSASSIN

À la suite d'une violente querelle avec sa femme qui refusait de reprendre la vie commune, un ouvrier d'usine s'empara d'un couteau de cuisine et poursuivit la malheureuse sur la route. Après l'avoir rejointe, il lui larda le corps à coups de couteau et lui trancha littéralement la tête au bord d'un champ. Il fut arrêté.

Carte postale d'antan

Souvenirs

Le Solex

Au départ, le concept du Solex était d'ajouter un moteur à un vélo classique. Il est créé en 1949, mais c'est dans les années 1960 que sa popularité explose considérablement. Au cours de l'année 1964, on estime qu'il s'est vendu 1 500 Solex par jour. Aujourd'hui, les amateurs organisent encore des courses de Solex, devenus de véritables pièces de collection très recherchées.

06

JUIN

Mon conseil pour le signe du Gémeaux en 2022 :

Cette année la chance vous sourit, vous pourrez ainsi mener à bien vos projets à la condition d'être quelquefois modéré.

JUIN

LUNDI	MARDI	MERCREDI	JEUDI	VENDREDI
sem. 22 FERDINAND 30	VISITATION 31	JUSTIN 1	BLANDINE 2	KÉVIN 3
sem. 23 LUNDI DE PENTECÔTE 6	GILBERT 7	MÉDARD 8	DIANE 9	LANDRY 10
sem. 24 ANTOINE DE P. 13	ÉLISÉE 14	GERMAINE 15	J.-F. RÉGIS 16	HERVÉ 17
sem. 25 SILVÈRE 20	ÉTÉ 21	ALBAN 22	AUDREY 23	JEAN-BAPTISTE 24
sem. 26 FERNAND 27	IRÉNÉE 28	PIERRE-PAUL 29	MARTIAL 30	THIERRY 1

SAMEDI	DIMANCHE
CLOTHILDE 4	PENTECÔTE 5
BARNABÉ 11	GUY 12
LÉONCE 18	FÊTE DES PÈRES 19
PROSPER 25	ANTHELME 26
MARTINIEN 2	THOMAS 3

Laisser la place aux sentiments

Laissez la place aux sentiments avec un exercice très simple. Il ne dure pas longtemps et c'est pourquoi on l'appelle l'exercice de trois minutes. Pour vous aider à vous y habituer, choisissez toujours la même heure et le même endroit.
Commencez simplement par vous arrêter. Gardez le corps en position droite et fermez les yeux. Sentez-vous votre corps, comment le sentez-vous ?
Maintenant, concentrez-vous, c'est-à-dire portez votre attention sur votre respiration. Observez les inspirations et les expirations, prenez aussi conscience des pauses entre chaque.
Élargissez maintenant votre perception, toujours en partant de votre respiration. Prenez conscience de votre corps comme un tout, mais aussi de tous les sentiments qui peut-être montent en vous. Donnez à ces sentiments la place qu'ils réclament.

Pas important

Malheureusement, nous gaspillons une grande partie de notre vie à nous faire du souci. Parfois même sur des problèmes qui ne se produiront peut-être pas. En même temps, le moral est souvent en demi-teinte parce que quelque chose dans ce que nous avons prévu pour la journée, pour les cinq prochaines années ou pour la vie, ne se passe pas comme nous l'avions imaginé.
En fait, il y a presque toujours quelque chose qui entame notre bien-être, aussi est-il inutile d'attendre le jour où tous nos soucis auront disparu et où tout sera réglé. Comme ce jour-là n'arrivera de toute façon pas de si tôt, pourquoi ne pas se dire plus souvent : pas important ! Et juste prendre l'instant comme il est.

Marie

Vous en souvenez-vous, Marie ? Nous avions parcouru la montagne pour y cueillir des bouquets, et le crépuscule du soir jetait déjà sur la terre le commencement de sa pénombre quand nous descendîmes lentement, quasi rompus, mais joyeux et chantonnants.

Nous suivions le sentier qui suit les contours de la rivière tortueuse, rapide, hargneuse, et nous admirions ensemble le sublime panorama du vallon, extasiés et ravis.

Les chantres des bois reposaient, mais les innombrables sifflements des grillons emplissaient l'espace de leur tapage nocturne, répété, multiplié à l'infini. L'air était imprégné des douces senteurs des bois, et la tranquillité du soir naissant, les chants monotones et langoureux de quelques paysans attardés, rentrant du labeur des champs, la faux sur l'épaule, faisaient sourdre en notre âme un vague sentiment d'inexprimable contentement vécu.

Le ronflement sauvage de la rivière, orchestre étrange et enchanteur, adoucissait la longueur du chemin.

Enfin, exténués, nous nous arrêtâmes pour nous asseoir un instant. Et tout en contemplant la somptueuse beauté de la contrée, les cimes élevées, les profonds abîmes, les sentiers parfumés, et au loin la cascade courroucée, nous sourîmes au bonheur comme l'enfant sourit à sa mère, en lui tendant les bras, le cœur préparé à toutes les effusions.

Vous respiriez délicieusement l'immense gerbe de fleurs que nous avions rapportée, tandis que je fixais dans votre chevelure d'ébène un petit bouquet de cyclamens. Je prenais plaisir à y mettre le plus longtemps possible, j'étais maladroit à dessein, radieux de cet agréable intermède.

Ne me suis-je pas hasardé, tout confus, à vous prendre un premier baiser – oh ! tout petit, tout mignon sur la main. Vous m'avez grondé et, comme un enfant vexé, rouge comme une pivoine, j'ai boudé. Et vous avez senti tomber sur votre joue une goutte de pluie brûlante. Vous avez regardé le ciel, le ciel était pur. Vous m'avez vu troublé et ému et, me prenant la main, à votre tour vous vous êtes égarée et votre front s'est perdu sur mes lèvres.

Oh ! Marie, vous en souvenez-vous ? L'horizon était particulièrement beau. Il y avait tant d'étoiles qu'on eût cru le ciel en flammes. Vous me dîtes ingénument qu'on éclairait là-haut pour mieux voir la fête de deux âmes.

IL Y A 50 ANS

2 juin 1972 – Arrestation du terroriste allemand Andreas Baader, chef de la bande du même nom.
16 juin 1972 – Effondrement de la voûte du tunnel de Vierzy – alors en réfection –, près de Soissons, dans l'Aisne : deux trains entrent en collision. Bilan : 108 morts et 111 blessés.
18 juin 1972 – Inauguration à Colombey-les-Deux-Églises, à l'occasion du 32e anniversaire de l'Appel à la Résistance du général de Gaulle, d'une immense croix de Lorraine.
27 juin 1972 – Programme commun de gouvernement signé entre le PS, le PCF et le MRG.
30 juin 1972 – Ouverture à Créteil du premier restaurant McDonald's de France.

Un vent doux, caressant comme les deux mains d'un bébé sur les joues, murmurait langoureusement un hymne d'amour, et les feuilles balancées chuchotaient avec tendresse.

Alors, alors, terrassée par un indicible charme, une sorte de torpeur engourdissant et nouvelle encore, vous vous mîtes à rire aux éclats pour dissiper le malaise qui vous envahissait.

Soudain, vous entonnâtes un air sentimental, de votre voix si pure et si touchante, et ce chant du soir, confié aux étoiles, dans le silence de la nuit, semblait descendre des cieux comme une musique céleste. J'écoutais avidement et palpitant. Je vous voyais avec une auréole divine, fille du ciel, reine des fleurs, mieux encore, jeune fille éclatante de beauté, épanouie de fraîcheur, dont la voix si claire et si pénétrante laissait échapper d'aussi parfaits concerts.

Tout à coup, du fourré proche de la rivière surgit un bruit étrange. Vous poussez un cri. D'un bond je me lève, haletant, ouvrant démesurément les yeux, cherchant à deviner et à voir. Je ne distingue rien. Le feuillage a pourtant été secoué. Qu'y a-t-il ? Qui est là ? Vous avez peur, vous tremblez, je m'arme de mon bâton ferré, mais tout rentre dans le calme et le silence.

Nous allions partir quand le même bruit se fait entendre.

Puis, aussitôt, d'un saut rapide, s'élance vers nous une forme quelconque. Dans mon désir de vous protéger, je me jette brusquement devant vous, et mon bâton levé s'abat sur l'inconnu.

En moins de temps qu'il n'en faut pour le dire, la victime tombe expirante à nos pieds : j'avais tué un crapaud.

Nous regrettâmes sans doute d'avoir fait passer de vie à trépas une inoffensive bête, mais sus aux remords, on ne dérange pas les amoureux en tête à tête.

Nous rentrâmes bien vite. Vous serriez fortement mon bras. L'horloge du village sonnait 10 heures, et, en nous séparant, nous échangeâmes le baiser des fiançailles, nous promettant de nous unir l'un à l'autre pour l'éternité.

Ô les beaux serments d'amour !

Vous aviez douze ans, j'en avais quinze.

Vous en souvenez-vous, Marie ?

Alexandre Agnellet

Les fêtes aux noms singuliers

En Nivernais, la fête locale est désignée, suivant les endroits, sous le nom d'apport, de louée, de fête-année. Dans quelques villages, cette fête porte un nom bizarre ou, pour le moins, pittoresque.

Le Beurlaud, aux Bruyères-Radon, commune de Luthenay, qui se fête le premier dimanche de mai. Dans la région, « beurlaud » signifie naïf, bêta ; cela veut dire, sans doute, qu'il faut être naïf pour aller à un apport de cette importance.

La Montouse, ou fête aux Tartouillais, à Biches, le 8 septembre. Ce jour-là, dans le village, on fait des tartouillats, sortes de tartes sur feuilles de chou, avec de grosses poires d'été.

La Saint Bouquin, à Noiry, commune de Saint-Parize-le-Châtel, le premier ou le deuxième dimanche d'août. L'apport a été créé jadis sur l'initiative d'un aubergiste nommé Moreau, dit Bouquin.

La Saint Bouscula, à Riousse, commune de Livry, où l'on récolte un excellent vin rouge. C'est la fête des « entonnailles », après le soutirage du vin. Inutile de dire qu'elle tire son nom des copieuses libations qui font rouler les gens dans les fossés.

La Saint Cancouelle, à Lichy, commune de Bona, qui se tient le dernier dimanche d'avril, au moment où les hannetons qu'on appelle des « cancouelles » font leur apparition.

La Saint Cornard, à Sainte-Marie, le dernier dimanche de mai. Inutile de dire que, dans cette commune, les maris trompés ne sont pas plus nombreux qu'ailleurs.

La Saint Crassoux, à Saint-Benin-des-Bois, le premier dimanche de juin. « Crassoux » signifie « crasseux », avec le sens de ladre, avare. La Saint Crassoux est donc la fête des gens chiches, qui ne se ruinent pas en frairies.

La Saint Greluchon, à Romenay, commune de Biches. Cet apport a été créé vers 1910, et le nom lui a été donné par dérision. Peut-être ce mot est-il dû à une mare située dans le hameau et où vivent de nombreuses crevettes d'eau douce appelées « greluches ».

La Sainte Guenille, à Couloutre, le jour de la Pentecôte. Elle a reçu son surnom, vers 1880, des gens des communes environnantes, parce qu'au sommet du mât de cocagne il n'y avait guère que deux ou trois foulards.

La Saint Pousse-Cul, à Savigny-Poil-Fol, le dimanche d'après le 23 avril. Le nom provient de ce que pour arriver à Savigny, il faut monter, de quelque côté que l'on vienne.

A. Desforges, *Revue de folklore français et de folklore colonial* (1936)

RECETTE

Clafoutis

aux cerises

TEMPS DE PRÉPARATION
10 MIN

TEMPS TOTAL
50 MIN

6 PARTS

Ingrédients

- 20 g de beurre
- 100 g de sucre en poudre
- 500 g de cerises noires, dénoyautées
- 100 g de farine de blé
- 4 œufs
- 1 pincée de sel
- 300 g de lait

Préparation

1. Préchauffer le four à 180°C. Beurrer généreusement un plat à gratin et le saupoudrer de 20 g de sucre.

2. Répartir les cerises sur le fond du plat avec leur jus.

3. Mélanger 70 g de sucre, la farine, les œufs, le sel et le lait.

4. Transvaser la pâte sur les cerises, enfourner et cuire 40 min à 180°C. À la sortie du four, saupoudrer le clafoutis avec les 10 g de sucre restants et laisser tiédir. Servir tiède ou froid.

RÉCLAME D'ANTAN

Supplément au n° 36 du Petit Écho de la Mode du 7 Septembre 1919

Plus de Savon
Plus de Lessive !!
...ORÉALE
...ABRICATION FRANÇAISE)
POUR LAVER LE LINGE
ET TOUS TISSUS
...NE BRULE PAS LE LINGE
50 % D'ÉCONOMIE
Vente Partout. — Gros : 66, Rue Caumartin, Paris.

Pour détruire les POILS

UNE EGYPTIENNE a rapporté le Secret de la fameuse "Eau Pilophage", employée depuis longtemps en Egypte pour détruire radicalement et sans danger les Poils et Duvets du visage et du corps. Cette Eau merveilleuse ne ressemble en rien aux innombrables dépilatoires poudres et pâtes. L'Eau Pilophage s'attaque directement aux racines et dissout les Poils les plus durs comme l'eau dissout le sucre. Pour vous en convaincre, il suffit de demander un flacon d'essai de la part du journal. Cet envoi sera fait discrètement contre 0 fr. 75 en timbres.

A. GYPSIA, 48, rue des Martyrs, Paris.

BOUTON PRESSION
LE FIL
RESSORT SPÉCIAL
A. RAYMOND
GRENOBLE

...GRIR 5 kgs par mois, plaisir peu coûteux. Notices et preuves gratuites. ...le Généroise, 5, rue Michel-Chasles, Paris.

contre Grippe, Rhumes, Toux, Asthmes, Bronchites, Dépressions, Epidémies, Tuberculose, Anémie, prendre la

MORUBILINE

en gouttes concentrées et titrées
Goût excellent — Bonne Digestion
1/2 Flacon 3.50 Flacon 6 fr. ... poste. Notice gratis
...PHARMACIE du PRINTEMPS, 32, rue Joubert, Paris.

ROSELILY
du Docteur CHALK
Poudre de Riz LIQUIDE
ABSORBE LES TACHES DE ROUSSEUR
avec la même facilité que l'éponge absorbe une goutte d'eau.
Flacons à 4 fr 65 ... Labor DETCHEPARE, à Biarritz.
VENTE dans toutes Pharmacies, Parfumeries et Grands Magasins.

TITRE GOLDFILLE
Imitation parfaite de l'or

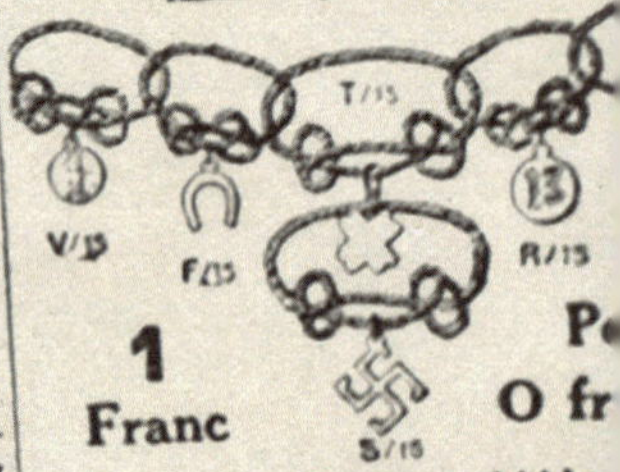

1 Franc ... 0 fr...

Dernière création !!!!

Voici les fêtes ! Nos bagues en Fil Goldfill... nos charmantes breloques, forment le cadeau ... à offrir et sont à la portée de tous, en ... prix des plus modiques.

Choisissez le modèle préféré et, pour recevoir ... mant bien, envoyez avec la ...

F. Sims et Mayer, 62, rue Saint-Laz...

GUÉRISON DE
IVROGNERIE

Après avoir été un fort buveur pendant bien des années, je fus sauvé en me procurant providentiellement la vraie méthode pour guérir l'ivrognerie. Le buveur qui veut couper court à sa funeste habitude, dégoûté de sa passion pour l'alcool, peut le faire facilement sans perdre de temps. Il redevient un homme et jouit de la vie mieux qu'auparavant. C'est un merveilleux succès. Le remède est sans danger et de toute confiance.

LES BUVEURS GUÉRIS A LEUR INSU

...quelqu'un s'adonne à la boisson avec une passion qu'il ne veut pas ses déshabituer, il peut être guéri ... insu. Vous pouvez le dégoûter de l'odeur et du ... de l'alcool. Le livre que j'ai publié renferme le ... pour les mères, épouses, etc. J'envoie franco ... une enveloppe sans indication extérieure. Adresse : ... Woods, Ltd, 10, Norfolk St. (714), Londres W. C. 2.

ECZEMA VARICES
HEMOROIDES CONSTIPATION
REINS FOIE
COLIQUES HEPATIQUES
ULCÈRES VARIQUEUX
RETOUR D'AGE
MAUVAISE CIRCULATION DU SANG
GUÉRISON en 15 JOURS par les
Pilules de l'Abbaye de Clermont
VÉRITABLE JOUVENCE
BROCHURE et RENSEIGNEMENTS GRATUITS
Laboratoire Thezée à LAVAL (Mayenne)
et dans toutes les Pharmacies. Prix 5.50 (timb. compris)

CILS ET SOURCILS (Épais et Soyeux) Charme du regard. Résultats infaillibles par le KANGO D'ASIE 1 pot 4.50 ... PALISSE 4, Place Brauhauban à Tarbes (H.-P.)

PATISSERIES EXQUISES — DESSERTS VARIÉS avec le **CONGOLAIS**
En vente dans les bonnes maisons d'alimentation à paquets à 200 gr. contenant nombreuses recettes.
GROS : Le Congolais, à Rouen.

COQUELUCHE M. LESCENE, 1er Prix des Hôpitaux de Paris, à Livarot (Calvados) envoie gratis et sans demande un moyen INFAILLIBLE de Guérir la COQUELUCHE en quelques jours.

THÉ DE L'ÉLÉPHAN...
P. L. DIGONNET & Cie Impo...
25, Rue Curiol, MARSEI...

MESDAMES
Les Véritables CAPSULES
des Drs JORET & HOMOLLE
Guérissent Retards, Douleurs,
Régularisent les Époques.
1 fl. 6 fr. ... SEGUIN, 165, rue St-Honoré, Paris.

Wood-Milne
Talons Caoutchouc LES PLUS DURABLES
Dames 1.25, Hommes 1.50 la paire. En vente partout et rayon 41 — SKEPPER, 103, Avenue Parmentier, Paris. Joindre mandat ou timbres et donner le tracé de votre talon pour indiquer la grandeur.

...RANSFORME ... ALLIANCES
... garantie sur facture ... rendre même Alliance
CATALOGUE FRANCO ... HORLOGERIE - BIJOUTERIE
... BIJOUTERIE OR, 178, R. DU TEMPLE, PARIS

Splendeur du Buste

Développement, Fermeté, Reconstitution de la Poitrine par les

Pilules Orientales

Pour développer et raffermir les seins, effacer les saillies osseuses de la gorge et donner à la poitrine un gracieux embonpoint, rien ne vaut les Pilules Orientales. Chaque jour en apporte des preuves et maintes lettres en témoignent. C'est ainsi que Mlle Cl. B. écrit :

"C'est toute joyeuse que je vous écris ; ayant usé énormément de drogues pour me faire venir un peu de poitrine, je commençais à désespérer lorsque, à plusieurs reprises, mes yeux se sont portés sur votre réclame Pilules Orientales. Pour la dernière fois j'ai voulu essayer, et j'ai bien fait, car, depuis que je prends vos pilules, ma poitrine augmente à vue d'œil."

Mme B. S. :

"La personne pour qui j'avais fait venir les Pilules Orientales est enchantée du résultat ; sa poitrine, tombée à la suite de maladie, est redevenue ce qu'elle était avant."

Et Mme H. L. :

"Voilà quinze jours que je prends des Pilules Orientales et je remarque déjà avec satisfaction un résultat vraiment surprenant."

Ces extraits suffisent pour montrer les effets des Pilules Orientales, dont la renommée remonte, du reste, à de lointaines années, et s'est étendue peu à peu dans le monde entier.

Depuis des générations, que de jeunes filles lentes à se développer, que de femmes éprouvées par les fatigues ou les maladies ont dû aux bienfaisants effets des Pilules Orientales le charme séduisant que donne toujours une belle poitrine !

Les Pilules Orientales ne contiennent pas d'arsenic, ni aucune drogue nuisible et sont toujours bienfaisantes pour la santé. On peut les prendre en toute sécurité et en secret sans rien changer à ses habitudes.

Le flacon avec notice, 7 fr. 50 franco par la poste contre mandat, et 7 fr. 75 contre remboursement.

J. RATIÉ, pharmacien, 45, rue de l'Échiquier, Paris (Xe). — En vente dans toutes les bonnes pharmacies de France et de l'Étranger, notamment à Bruxelles : Ph° St-Michel, 15, boulevard du Nord ; Genève : Cartier et Jörin, 12, rue du Marché ; Milan : ph° Zambeletti, 5, p. S. Carlo ; Barcelone : Viuda Cabrian y Ca Laurie, 26 ; Montréal : Lecours et Lanctot, 310, rue Ste-Catherine ; Amérique du Sud : dans toutes pharmacies et droguerías.

REMARQUE D'ENFA...

— Comment se fait-il, grand père, que tu aies les dents aussi belles ...
— C'est que, vois-tu, mon petit, toute ma vie je me suis servi de D...

Le Dentol (eau, pâte, poudre, savon) est un dentifrice à la fois souverainement antiseptique et doué du parfum le plus agréable.

Créé d'après les travaux de Pasteur, il raffermit les gencives. En peu de jours, il donne aux dents une blancheur éclatante. Il purifie l'haleine et est particulièrement recommandé aux fumeurs. Il laisse dans la bouche une sensation de fraîcheur délicieuse et persistante.

Le Dentol se trouve dans toutes les maisons vendant de la parfumerie et dans les pharmacies.

Dépôt général : Maison F... Jacob, Paris.

CADEAU Il suffit d'en... Frère, 19, ... un franc en timbres-poste ... mandant du *Petit Écho de* ... recevoir, franco par la po... coffret contenant un petit ... une boîte de Pâte Dento... Poudre Dentol et un écha... dentifrice Dentol.

SERVIETTES NIDS D'ABEILLES

Idées de lecture

LE DICO DU CONSOMMATEUR
Isabelle Martinet

La consommation est le reflet de la vie économique et sociétale. Son analyse révèle les tendances et leur probable évolution, et livre les choix de société qui s'ouvrent à nous. Où en sommes-nous ? La crise de 2008 a développé l'économie collaborative, l'urgence écologique a initié l'économie circulaire, et le coronavirus a bousculé notre mode de vie. Exit la surconsommation ; l'heure est à la préservation des ressources. Dans une démarche de frugalité, on tient compte de l'impact carbone, on répare au lieu de racheter, on recycle au lieu de jeter, on favorise l'usage à la propriété. Aujourd'hui, l'acte d'achat a pris du sens ; nous sommes devenus des consommateurs responsables, qui ne se laissent plus imposer une offre.
Conçu comme un mini dictionnaire, ce livre regroupe une centaine de mots en lien avec la consommation d'aujourd'hui. Il se feuillette au gré de ses envies ou de ses besoins. Son objectif est simplement de relater la situation, de souligner les enjeux et de lister les solutions. Il n'a pas d'autre volonté que d'informer, d'éclairer un consommateur qui, au-delà de toute influence, doit rester libre de ses choix.

Isabelle Martinet est journaliste et traite des tendances de consommation depuis 25 ans. Partant du constat que tout se consomme, l'alimentaire comme le non alimentaire ou les services, elle s'attache à analyser l'évolution de nos modes de vie.

Éditions Ramsay

À VOUS DE JOUER !

	7				4		6	
9		8		5		3		
	5		6				2	7
1		2		4		9		6
			3		1			
6	3					7	4	
		7				1		2
3			1		9		5	8
5		9			2			

Solution page 128

FAITS DIVERS

DRAME CONJUGAL

Une épicière n'aimait pas que son mari s'attarde dans les estaminets. Comme ce dernier, en revenant d'un enterrement, n'avait pas jugé bon, pour une fois, de suivre ses avis et rentrait à la maison un peu éméché, sa chatouilleuse épouse lui reprocha son intempérance. Le mari, furieux, la gifla. Justement indignée, elle s'empara d'un petit couteau et en porta deux coups à son incorrigible époux qui, blessé aux deux bras et trouvant sans doute la correction méritée, refusa de porter plainte.

Carte postale d'antan

Souvenirs

La télévision en noir et blanc

Dans les années 1950 et 1960, la télévision en noir et blanc est en pleine expansion. Le nombre d'émissions et d'heures de retransmission augmente. En 1964, on passe d'une à deux chaînes en noir et blanc… La même année, Noëlle Noblecourt, présentatrice de « Télé Dimanche », est renvoyée pour avoir montré… ses genoux !

07

JUILLET

Mon conseil pour le signe du Cancer en 2022 :

Vous voulez que les choses changent ? Vous souhaitez que l'on vous comprenne ? Osez être ferme concernant vos projets et vos convictions.

JUILLET

LUNDI	MARDI	MERCREDI	JEUDI	VENDREDI
sem. 26 FERNAND 27	IRÉNÉE 28	PIERRE-PAUL 29	MARTIAL 30	THIERRY 1
sem. 27 FLORENT 4	ANTOINE 5	MARIETTE 6	◐ RAOUL 7	THIBAULT 8
sem. 28 BENOIT 11	OLIVIER 12	○ HENRI ET JOËL 13	FÊTE NATIONALE 14	DONALD 15
sem. 29 FRÉDÉRIC 18	ARSÈNE 19	◑ MARINA 20	VICTOR 21	MARIE-MADELEINE 22
sem. 30 JACQUES 25	ANNE ET JOACHIM 26	NATHALIE 27	● SAMSON 28	MARTHE 29

SAMEDI	DIMANCHE
MARTINIEN 2	THOMAS 3
AMANDINE 9	ULRICH 10
ND. MT CARMEL 16	CHARLOTTE 17
BRIGITTE 23	CHRISTINE 24
JULIETTE 30	IGNACE DE L. 31

INSTANTS

Bien-être

Pause pour les sens

Toute la journée, nous sommes assaillis par une multitude d'impressions sensorielles différentes : affiches publicitaires multicolores, bruits de circulation, odeurs de cuisine, l'écharpe rêche tricotée par Mamie et des millions d'autres choses. Précisément : 11 millions par seconde, véhiculées par nos cellules sensorielles vers notre cerveau. Alors que notre conscient arrive tout juste à en traiter 40 à 60.

Pour vous permettre de vous détendre, désactivez simplement un sens. Lorsque vous attendez quelque part, êtes dans le train ou simplement à la maison. Fermez-les yeux et écoutez. Quels bruits percevez-vous ? Écoutez avec attention. Une ou deux minutes suffisent. Ou bien bouchez-vous les oreilles avec des boules Quiès et observez votre environnement sans bruit. Vous remarquerez certainement des choses que vous n'auriez pas vues autrement.

Un monde aux belles couleurs

Le monde vous semble une fois de plus gris et triste ? Essayez donc chaque semaine de porter votre attention sur une nouvelle couleur et d'en prendre conscience. Quelles choses de couleur verte voyez-vous chaque jour ? Quels différents tons de bleu pouvez-vous découvrir autour de vous ? Voyez-vous les coussins sur le canapé autrement le matin qu'à la lumière du soir ? Avec ce petit exercice, vous verrez peut-être bientôt votre environnement avec d'autres yeux.

Marie la faucheuse

Légende nivernaise

Dans ce temps-là, il y avait au bourg de Château-Chinon une pauvre fille nommée Marie, tant douce et bonne que tout le monde l'aimait.

Marie avait perdu son père et aussi sa mère, la vieille Yvonne, qui lui dit en mourant :
— Faut louer tes bras pour le travail, ma pauvre enfant ; car tu n'as rien, et mieux vaut labeur que honte.
Donc la jeune fille louait à plus riches, pour avoir du pain, ses bras bruns et robustes, et tant que durait la saison douce, sans songer aux amusettes des jeunes filles, elle amassait du grain pour le mois sombre, où le pauvre n'a jamais d'ouvrage et a toujours faim.

IL Y A 50 ANS

1er juillet 1972 – Loi relative à la lutte contre le racisme, dite Loi Pleven, créant le délit d'incitation à la haine par des propos ou des écrits tenus en public.

5 juillet 1972 – Création du Comité interministériel de la sécurité routière. C'est l'année record pour le nombre de morts sur les routes en France : 18 034, soit en moyenne 50 par jour. Des mesures de sécurité routière seront prises : obligation du port de la ceinture, limitations de vitesse...

8 juillet 1972 – Alain Colas gagne, à bord du Pen-Duick IV, la quatrième course transatlantique en solitaire.

Marie était belle, et ne le savait pas ; mais plus d'un garçon du village, en la voyant aller le dimanche à la messe, serrée dans son corset bleu, s'était dit : « La jeune fille n'a rien, mais est fière travailleuse ; elle sera bonne ménagère, et plus riche de fait qu'une autre, qui se pavane sous de beaux affiquets. »

Un jour, il advint que Marie fut prise pour faucher les foins de la riche Clauda, la mère du blond François aux longs cheveux, à la figure de saint Jean, le disciple aimé du Seigneur, et Marie tant le regarda et l'écouta qu'elle finit par l'aimer, Claude dit à son fils : « Ton oncle de Nevers t'attend, tu n'as pas le temps de faire ici les doux yeux aux faucheuses. » Et François partit.

Alors Marie n'eut plus de courage au travail. Ses yeux bleus devenaient noirs en dessous. « Tu ne chantes plus », disaient les jeunes. Les vieilles jasaient entre elles. Et Marie devenait triste.

Fut-elle attendrie, Clauda ? On ne sait. Mais un jour elle dit à Marie : « Tu aimes mon fils, qui est riche, et tu n'as rien. On te dit sage, mais ce n'est tout ! Pour amasser, que peux-tu faire afin de me prouver qu'il y a vraie dot au bout de tes bras ? Faucherais-tu bien, sans aide, la moitié du champ que voilà ?

— Oh ! répondit Marie, toute vermeille de bonheur et de surprise. Pour François, je faucherais le champ tout entier, qui va aussi loin que l'œil.

— Eh bien ! reprit la mère, j'y consens. Tu auras mon fils si tu parviens seulement à moitié. Je le jure par saint Sauveur. »

Quel courage elle eut, la pauvre Marie ! Elle faucha sans trêve tout le long du jour ; la nuit venue, elle fauchait encore ; le second soleil éclaira sa taille toujours courbée sur le champ, mais quand il se coucha, Marie n'avait plus force aux bras comme au cœur. « Suis plus d'à moitié », murmura-t-elle. Puis elle tomba et ne se releva plus. Or, qui donc tant aima que Marie la faucheuse ?

Camille de Revel

La Bourgogne telle que vue à la fin du XIXe siècle

En Bourgogne, les sites régionaux les plus pittoresques – et ce sont précisément ceux que traverse la voie ferrée de Paris à Dijon – offrent un genre de beauté moyenne et contenue qui récrée l'œil et charme l'esprit sans provoquer de violentes émotions.

C'est une nature avant tout grasse et riche, qui semble se complaire et se reposer dans son bien-être traditionnel, et n'a nul souci des coups de théâtre. Ce trait se retrouve aussi dans les habitants. Le Bourguignon, en général, a l'allure et l'humeur d'un homme qui n'a pas été, de père en fils, trop misérable et trop tourmenté en ce monde. Certes, il a eu sa part des communes calamités de la Gaule, mais, toutes proportions établies, il paraît s'en être tiré à meilleur compte que ses congénères des autres provinces, et si, l'histoire en main, on voulait dresser le bilan de son passé, on verrait que le sort lui a été relativement très propice.

Pendant plus de cinq siècles, la Bourgogne a eu l'heureuse fortune de vivre à part sous des princes qui ne l'ont pas trop mal gouvernée, dont elle a obtenu, sans être obligée de recourir aux révoltes, une somme de franchises assez respectables, et lorsque, en 1477, après la mort du dernier grand duc d'Occident Charles le Téméraire, elle a été réunie à la France, les temps les plus durs, ceux des guerres des Anglais, étaient passés, la royauté administrative des Valois se trouvait définitivement assise, de sorte qu'en perdant son indépendance, la contrée eut du moins l'avantage d'entrer dans un ordre de choses qui lui permettait de continuer sans secousses son train de vie régulier et normal.

De là, sans doute, cet air de satisfaction paisible et cossue qui est la marque du Bourguignon, ces façons libres et pleines d'aisance, cette sérénité physique et morale, également éloignée de l'indolence et de la surexcitation, et aussi cette pointe de scepticisme jovial, qu'on retrouve comme résumées et condensées dans la physionomie de Dijon, l'ancienne capitale, et dans celle de ses habitants.

Les premiers paysages bourguignons qui s'offrent au regard du voyageur venant de Paris ont déjà une empreinte caractéristique : rien de heurté ni d'excessif ; la nature semble rentrer ses nerfs ; c'est de la chair bonne et fraîche, si j'ose dire, en laquelle domine, comme dans l'homme du pays, une certaine animalité saine, dont l'observateur est frappé tout d'abord.

Jules Gourdault, ***La France pittoresque*** **(1893)**

RECETTE

Tomates farcies

TEMPS DE PRÉPARATION
10 MIN

TEMPS TOTAL
50 MIN

6 PERSONNES

Ingrédients

- 15 g d'huile d'olive
- 6 tomates à farcir
- 150 g d'oignons, coupés en deux
- 6 branches de persil frais
- 150 g d'échine de porc, désossée et coupée en cubes (2-3 cm)
- 300 g de viande de bœuf hachée
- ½ c. à café de sel
- 1-2 pincées de poivre moulu

Préparation

1. Préchauffer le four à 200°C. Huiler légèrement un plat à gratin et réserver.
2. Couper le chapeau des tomates et réserver. Les évider à l'aide d'une cuillère et réserver la pulpe et le jus. Saupoudrer l'intérieur de sel, les retourner sur une assiette et les laisser dégorger.
3. Hacher les oignons.
4. Ajouter le persil, les morceaux d'échine de porc et la viande de bœuf hachée, puis hacher finement le tout.
5. Y ajouter la pulpe des tomates, le sel et le poivre. Mélanger.
6. Farcir les tomates avec la préparation, les couvrir de leur chapeau et les disposer dans le plat à gratin préparé. Enfourner et cuire 40 minutes à 200°C. Servir chaud.

RÉCLAME D'ANTAN

LE PETIT ÉCHO DE LA MODE

MIGRAINE - ROUGEURS
CONSTIPATION
MALADIES du FOIE, BOUTONS
GUÉRIS PAR LE
CHARLES CHANTEAUD
PURGATIF — DÉPURATIF

...nutes par jour suffi...
...ur avoir les cheveux
...s propres, flous, bril-
...faciles à coiffer.

...SHAMPOO SEC SEKERA...

...AMES EN 2 MOIS

AVIS

...PELLETANT, ancien missionnaire...
...DE TISANES...
...inédites, donnent des résultats...
...même réputés incurables.

N° 1 Tuberculose, Bronches.
N° 2 Albuminurie, Cœur.
N° 3 Diabète (toutes formes).
N° 4 Maladies Nerveuses.
N° 5 Anémie, Convalescence.
N° 6 Maladies des Femmes.
N° 7 Rhumatisme, Goutte.
N° 8 Voies Urinaires.
N° 9 Maladies d'Estomac.
N° 10 Foie, Constipation.
...V. G. Abolit toutes les Douleurs.
...des plantes. — Notice gratis.
...PELLETANT 4, Avenue des Phocéens, Nice

Baume Tue-Nerf Mirgla
MAUX DE DENTS

Contre les
MIGRAINES,
MAUX d'ESTOMAC
DIGESTIONS DIFFICILES
...sence de Camomille
du Dr CHALK
3 Fr. le Flacon fr
PHcie DETCHEPARE, Biarritz
et toutes Pharmacies

...AU LIT...

...ES CICATRICES, TACHES, ...VEROLE

PATE ÉPILATOIRE
DUSSER
Presque Centenaire
est et sera toujours le seul produit inoffensif et efficace à employer pour détruire les duvets importuns et disgracieux.

Demandez dans toutes les Maisons de Nouveautés de Paris, de Province et de l'Etranger les soieries nouvelles

FAILLE FROU-FROU
CRÈPE FLEURI
ET LA TOILE DE SOIE
ARIZONA

de MM. Chatillon, Mouly, Roussel et Cie
Fabricants de Soieries
36bis, Avenue de l'Opéra. - PARIS

N. B. - La Maison regrette de ne pouvoir répondre aux demandes de vente au détail. Mais les soieries de MM. Chatillon, Mouly, Roussel et Cie, aux marques ci-dessus, se trouvent dans toutes les Maisons de Nouveautés.

LE "REGYL" guérit maladies d'ESTOMAC anciennes.
Laboratoires FIEVET, 53, r. Réaumur. La boîte 6 fr. 50 c. envoi

Pas de séduction
SANS SOURIRE
Pas de sourire
SANS JOLIES DENTS
Pas de jolies dents
Sans SAVON KENOTT
Le SAVON KENOTT est en vente partout

Le TITANIA
est l'Epilatoire Idéal. Il détruit sans danger les poils disgracieux du visage et des bras. Succès garanti. Flacon 4.50 fr.
Cie PHARMACIE HYGIÉNIQUE, 24, Rue Étienne-Marcel, Paris.

LA
Tisane des Chartreux
Est le Roi
des Dépuratifs du Sang

Elle guérit : les maladies d'estomac, digestions pénibles, constipation, rhumatismes, douleurs nerv...ques, maladies de peau, eczémas, boutons, maladies des femmes, retour d'âge et toutes affections dues à l'âcreté du sang.
Le flacon 6 fr. (impôt compris) dans les meilleures Pharmacies
J. BERTHIER, Grenoble. Envoi franco par poste : 7 fr. 60.

SAVEZ-VOUS
ENFONCER un CLOU?
SI OUI
Économisez vos Chaussures
en les ressemelant vous-mêmes avec
SMELDUR
en cuir chromé imperméable
plus solide
que le meilleur cuir.
Bureaux : 158, Rue Lafayette, Paris (10e)
TÉLÉPH. NORD 39-11
MAGASINS DE VENTE et de POSE : 61, Rue Lafayette (9e) ... d'Amsterdam, 4, Place Budapest (9e)
CATALOGUE GRATIS ET FRANCO

TUETOUT
FOUDROYEUR D'INSECTES
POUX, PUCES, PUNAISES, MITES, CAFARDS, etc.
Flacon 1 fr. 60. Triple 3 fr. 50. P. BARRE & ..., r. Jules-César, PARIS

DÉVELOPPEMENT DE LA POITRINE
RÉSULTAT en 20 JOURS
TRAITEMENT du DOCTEUR NOTY
Traitement interne absolument inoffensif et externe
BROCHURE & GRATUITE - Dr NOTY, 11, BOULEVARD de STRASBOURG, PARIS

Pour Maigrir
PILULES GALTON, le meilleur amaigrissant
... VÉGÉTALE — PAR IODE NI DÉRIVÉS IODÉS.

Etes-vous une bonne Maman?
Si oui, ne manquez pas d'acheter pour votre Enfant
GUIGNO...
Le Cinéma des Enfant...
132 Pages de gravures et de ...
UN ROMAN INÉDIT COMP...
Partout : 2 francs. Franco : 2 f...
Adresser aujourd'hui mandat-poste de 2... à M. ORSONI, 7, rue Lesaigne, PARIS

LE CORSET JUVÉNI...
prépare la beauté
VOYEZ :
Ampleur du thorax
Taille élancée
Ligne impeccable du dos
Plus de mauvaises attitudes
Le JUVÉNIL
laisse l'enfant croître
le laisse vivre
respirer, courir
manger, digérer
C'est un corset incomparable pour l'adolescence
Prix de 6 à 20 ans
25 fr. à 37 fr. 50
L'exiger partout, FRANCE ET PARIS, 200 DÉPOTS
Nous demander la liste avec notice E.
Corseterie spéciale de France, 18, rue Tai...
LA MAISON OFFRE DU TRAVAIL ...

TIMIDITE

4 SECRETS DE THE...
CURE BEAUTÉ

SAVON LE PLANT

Ne Pas Confo...
CORS

Maladies de la Fe...
ABBÉ SOURY
Exiger ce portrait
JOUVENCE de l'Abbé SOURY
La JOUVENCE de l'Abbé SOURY
Mag. DUMONTIER
Bien exiger la Véritable JOUVENCE avec la signature Mag. DU...

Idées de lecture

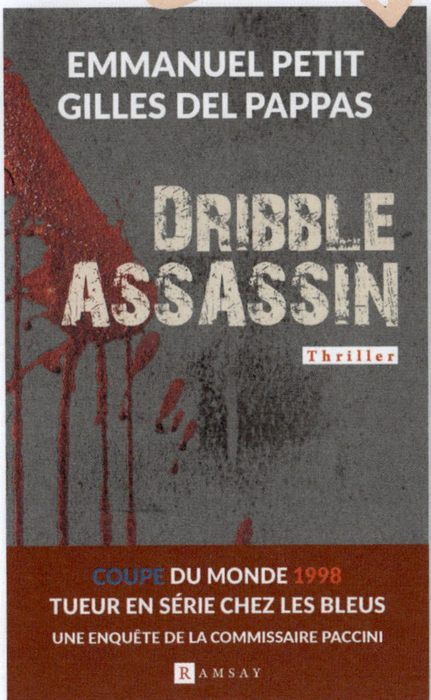

DRIBBLE ASSASSIN
Emmanuel Petit et Gilles Del Pappas

Disons-le clairement, rarement nous trouvons autant de héros modernes rassemblés ainsi dans un livre. Le Championnat du monde 1998, Paris, tous les joueurs magnifiques de l'équipe de France, Clairefontaine, la commissaire Clémentine, la médecin légiste Anne Legendre, etc.
Tout commence un beau soir de 1998, quand le ministre des Sports frappe à la porte de la commissaire Paccini pour lui annoncer : « Il y a un horrible criminel qui se cache sous le maillot de l'équipe de France ! Il faut absolument l'arrêter ! » L'indice est un porte-clef orné d'un coq en argent. Ainsi, Clémentine et sa collègue Anne entament l'enquête au sein de l'équipe nationale française en ne suivant de près rien de moins que Zidane, Dugarry, Djorkaef, Petit, Karambeu, etc. Manu Petit se met aussi à l'enquête, par curiosité, mais aussi par l'intérêt que provoque cette commissaire bien particulière.
Pourquoi tant de meurtres en lien avec la nationale ? Est-ce que la FIFA y est pour quelque chose ? Est-il vrai que l'assassin est un de ces demi-dieux que les Français adorent ?

Emmanuel Petit, né à Dieppe en 1970, a mis un terme à sa carrière de footballeur en 2004, après avoir été notamment champion du monde en 1998, champion d'Europe en 2000, champion de France avec l'Olympique Monaco et champion d'Angleterre avec Arsenal.
Né en 1949 dans le quartier populaire du Rucati de Marseille, d'origine grecque et italienne, Gilles Del Papas est l'auteur de la série *Constantin le Grec*. Il est aujourd'hui l'un des auteurs reconnus du polar marseillais et a obtenu le Grand Prix littéraire de Provence pour l'ensemble de son œuvre.

Éditions Ramsay

À VOUS DE JOUER !

1		2	4		9		5	
				8		2		
7	9				3			4
	3			2		1		8
	6				7			
9		1		4		3		7
			8			7		6
3		4	1		6		8	
	2			5		9		

Solution page 128

FAITS DIVERS

CRIME DE JALOUSIE

Au cours d'un accès de jalousie, un propriétaire nommé Langlois a scié la gorge de sa femme avec un couteau de poche fortement ébréché. La malheureuse, mère de sept enfants, lui a opposé une résistance énergique, mais a succombé sous l'acharnement du forcené.

Carte postale d'antan

Souvenirs

La Vespa

À la fin de la Seconde Guerre mondiale, Enrico Piaggio souhaite créer un deux-roues motorisé accessible au plus grand nombre de personnes possible : la Vespa. En italien, Vespa signifie « guêpe », ce qui caractérise très bien le bourdonnement unique de son moteur. Les premiers modèles sont créés dans les années 1940, et le succès est rapidement au rendez-vous. De nombreux pays construisent des Vespa, y compris la France, qui préfère placer le phare avant sur le guidon plutôt que sur le garde-boue, comme c'est le cas sur la version italienne. La Vespa reste l'un des symboles les plus populaires des années 1950 et 1960 : les stars comme les ouvriers, mais aussi les cadres, roulaient en Vespa ! Dès 1951, le petit scooter apparaît sur des calendriers à son effigie et il s'offre même le luxe de figurer sur l'affiche du film *Vacances romaines* avec Gregory Peck et Audrey Hepburn, en 1953.

08

AOÛT

Mon conseil pour le signe du Lion en 2022 :

Cette année vous apportc un lot de nouveautés ! Mais pour que les choses se fassent, il vous faudra montrer de l'habilité et de la diplomatie dans vos négociations.

AOÛT

LUNDI	MARDI	MERCREDI	JEUDI	VENDREDI
sem. 30 ALPHONSE 1	JULIEN-EYMARD 2	LYDIE 3	JEAN-M. VIANNEY 4	◐ ABEL 5
sem. 31 DOMINIQUE 8	AMOUR 9	LAURENT 10	CLAIRE 11	○ CLARISSE 12
sem. 32 ASSOMPTION 15	ARMEL 16	HYACINTHE 17	HÉLÈNE 18	◑ JEAN EUDES 19
sem. 33 FABRICE 22	ROSE DE LIMA 23	BARTHÉLÉMY 24	LOUIS 25	NATACHA 26
sem. 34 SABINE 29	FIACRE 30	ARISTIDE 31	GILLES 1	INGRID 2

SAMEDI	DIMANCHE
TRANSFIGURATION 6	GAÉTAN 7
HIPPOLYTE 13	ÉVRARD 14
BERNARD 20	CHRISTOPHE 21
MONIQUE 27	CHRISTINE 28
GRÉGOIRE 3	ROSALIE 4

INSTANTS

Bien-être

Une bonne action chaque jour... ou deux

La plupart d'entre nous connaissent l'agréable sentiment de rendre service ou de faire plaisir à quelqu'un. La joie de l'autre nous suffit comme remerciement et l'énergie positive que nous y puisons compense les efforts.

Pourquoi ne pas se mettre une fois à la recherche de bonnes actions ? Pas besoin de se précipiter pour aider la vieille dame à traverser la rue alors qu'elle n'a rien demandé. Ce qui importe c'est de faire plus attention aux besoins de son prochain et de bien écouter ses semblables.

Vous allez certainement trouver la prochaine occasion de faire une bonne action. Première règle : soyez décidés. Ne laissez pas de doute sur votre disposition à aider et n'attendez pas de merci direct. Les remerciements vous reviendront plus tôt que vous ne le pensez.

Pause fleurie

Le jaune rend heureux ! Il est scientifiquement prouvé que la couleur jaune agit positivement sur notre humeur. Par conséquent, prenez souvent le temps, au printemps et en été, de vous promener dans la nature – une bonne dose d'oxygène est également importante pour notre bien-être. Retrouvez votre enfance et marchez pieds nus dans l'herbe, cueillez les fleurs de pissenlits et profitez simplement du moment. Plus tard, le vase rempli à la maison ou au bureau vous rappellera cette petite pause agréable et mettra de la couleur dans votre quotidien.

Le nouveau phonographe Edison

C'est le 23 avril 1890 que le phonographe perfectionné d'Edison a été présenté à l'Académie des sciences, par M. Janssen.

C'est d'une façon purement accidentelle qu'Edison a réalisé cette admirable invention. Il cherchait à construire une machine destinée à répéter des caractères Morse enregistrés sur une bande de papier à l'aide d'encoches qui transmettaient le message à un autre appareil, en passant sous une pointe traçante attachée à un manipulateur.

En faisant marcher cette machine, il s'aperçut que lorsque le cylindre portant le papier se déroulait avec grande rapidité, il donnait lieu à un bruit confus, mais musical et rythmé. Ce son singulier produit par le passage précipité des reliefs et des creux sous un organe métallique ressemblait au bruit des paroles qu'on entend d'une façon confuse, sans pouvoir suivre la conversation, parce que les mots ne se distinguent pas avec une netteté suffisante.

On sait que le premier phonographe fut inventé au printemps de 1877, mais les premiers modèles étaient de grosses et lourdes machines, où l'on avait sacrifié la netteté d'articulation dans le but d'obtenir une émission robuste susceptible de remplir un vaste amphithéâtre lorsqu'on faisait passer la voix reproduite par un récepteur ayant la forme d'un tube. On se servait d'une feuille d'étain pour recevoir les reliefs.

Dans le nouveau phonographe, on a renoncé à la feuille d'étain et on a employé la cire. L'enregistrement de la parole a lieu à l'aide d'une petite pointe traçante prenant sur la cire et poussée par les vibrations d'un diaphragme enregistreur. Ces vibrations donnent lieu à des lignes très fines, presque invisibles à l'œil nu. Elles sont reproduites par un diaphragme reproducteur qu'on fait passer à la place du premier à l'aide d'un mécanisme très simple. La voix s'entend en plaçant l'oreille à l'extrémité du tube. On peut même l'entendre sans se servir du tube et en se plaçant tout près de la cire.

Un cylindre de cire peut servir pour des milliers de

IL Y A 50 ANS

14 août 1972 – Décès de l'écrivain et académicien Jules Romains, auteur de la fresque romanesque Les Hommes de bonne volonté.

16 août 1972 – Au Maroc, deuxième tentative de coup d'État militaire mené par le général Oufkir contre Hassan II. Le roi est sauf.

17 août 1972 – Début de l'affaire du talc Morhange, responsable de la mort de 36 enfants et de 167 intoxications, dont huit ont entraîné des infirmités à vie.

reproductions successives, sans que la netteté de la voix émise soit altérée d'une façon appréciable, et pourra reproduire, à un prix très bas, un nombre quelconque de copies de cylindres, après que de la musique, des paroles ou des sons quelconques y ont été gravés.

Parmi les innombrables applications du phonographe tel qu'il existe aujourd'hui, on peut citer les suivantes :

– dicter des lettres et toute espèce de compositions littéraires sans avoir besoin d'un sténographe ;

– publications de livres phonographiques, que des aveugles pourraient comprendre sans aucun effort de leur part ;

– enseignement de l'éloquence en faisant entendre les paroles exprimant les sentiments les plus divers avec un art et une vérité irréprochables ;

– reproduction, avec tout le charme d'une harmonie parfaite, de la musique instrumentale et du chant des grands artistes ;

– constitution des archives de la famille par la conservation des phrases ou des avis remarquables de ses divers membres, et surtout des dernières paroles des mourants ;

– conservation du beau langage par la reproduction exacte de la prononciation normale des articulations difficiles.

Les tubes de cire peuvent être envoyés par la poste dans de petites boîtes construites dans ce but et placés, lorsqu'ils sont arrivés à destination, sur un autre phonographe, où on reproduira les sons devant la personne à laquelle la correspondance est destinée.

Pour répondre à l'objection faite dans le cas où le destinataire de la lettre n'a pas de phonographe, on pourrait établir dans les bureaux de poste des facultatifs phonographes publics, où chacun arriverait avec ses phonogrammes que l'on débiterait pour un prix très modique.

Almanach du voleur **(1890)**

Les pêches

Un ouvrier de la campagne rapporta un jour à sa femme et à ses quatre enfants cinq belles pêches. Les enfants voyaient ce fruit pour la première fois, et en admiraient la fraîche couleur et le fin duvet.

Le soir, le père leur dit :
« Avez-vous mangé le beau fruit que je vous ai donné ce matin ?
— Oui, s'écria l'aîné. C'est excellent. Aussi, j'en ai soigneusement gardé le noyau ; je le planterai, et j'espère qu'il en sortira un arbre.
— Bien, dit le père, c'est une bonne chose que d'être économe et de penser à l'avenir.
— Moi, dit le plus petit, j'ai tout de suite mangé ma pêche, et ma mère m'a encore donné la moitié de l'autre. C'était doux comme du miel.
— Ah ! répondit le père, tu as été un peu gourmand. Mais à ton âge, c'est pardonnable. Les années te corrigeront, j'espère, de ce défaut.
— Moi, dit un troisième, j'ai ramassé le noyau que mon petit frère avait jeté par terre. Je l'ai brisé, et j'y ai trouvé un autre noyau qui avait le goût d'une noix. Mais j'ai vendu ma pêche, et avec l'argent que j'en ai reçu, je puis en acheter plusieurs autres quand j'irai à la ville. »
Le père secoua la tête :
« Cela peut paraître une ingénieuse idée, mais j'aimerais mieux moins de calcul. Et toi, Edmond, as-tu goûté ta pêche ?
— Mon père, répondit Edmond, je l'ai portée au fils de notre voisin, au pauvre Georges qui est malade de la fièvre. Il ne voulait pas la prendre, mais je l'ai posée sur son lit, et me suis éloigné.
— Eh bien, mes enfants, demanda le père, qui de vous a fait le meilleur usage de ces beaux fruits que je vous ai donnés ? »
Et trois des garçons s'écrièrent :
« C'est notre frère Edmond ! »
Edmond cependant ne disait rien, et sa mère l'embrassa avec des larmes dans les yeux.

Xavier Marmier,
L'Arbre de Noël,
***contes et légendes* (1873)**

RECETTE

Ratatouille

TEMPS DE PRÉPARATION
20 MIN

TEMPS TOTAL
55 MIN

4 PORTIONS

Ingrédients

- 600 g d'eau
- 1 petite aubergine, lavée et coupée en dés
- 1 poivron jaune, épépiné et coupé en fines lamelles
- 1 poivron rouge, épépiné et coupé en fines lamelles
- 2 courgettes, lavées et coupées en dés
- 1 brin de thym frais
- 1 branche de romarin frais
- 1 oignon, coupé en quatre
- 2 gousses d'ail
- 4 c. à soupe d'huile d'olive
- 3 tomates, pelées, épépinées et coupées en dés
- du sel
- du poivre moulu

Préparation

1. Faire cuire 30 min. à la vapeur, l'aubergine, les poivrons jaune et rouge, les courgettes, le thym et le romarin. Réservez.
2. Mixer l'oignon et l'ail et faire revenir ce mélange à l'huile d'olive. Ajouter les légumes cuits et les tomates. Poivrer puis faire cuire 8 min. Servir aussitôt.

Sauvez vos dents
GIBBS
a inventé et perfectionné depuis plus de 50 ans
ses
DENTIFRICES
A BASE DE SAVON
" Lavez vos dents comme vos mains "
— car le savon seul est nécessaire —
3 FORMULES
Exigez le GIBBS Authentique
BOITE COURANTE 1 fr. 50
Savon dentifrice nu pour boite courante 1 fr. 25
PATE DENTIFRICE A BASE DE SAVON
Cette pâte est spécialement recommandée aux personnes dont les muqueuses sont très délicates.
BOITE DE LUXE 3 fr. 50
Savon dentifrice nu pour boite de luxe
la boite de 2 pains 3 fr. 50
Concessionnaires Généraux de D. & W. GIBBS. Inventeurs du savon pour la barbe et du savon dentifrice
P. THIBAUD & Cie, 7 et 9, rue La Boétie. Paris.
Farine Lactée
Aliment des Enfants et des Convalescents.
CH. HEUDEBERT
CHUTE des CHEVEUX
Maladies de la Femme
JOUVENCE de l'Abbé Soury
Exiger ce portrait
POITRINE IMPECCABLE
OPULENTE · FERME HARMONIEUSE
LA FONTAINE DE JOUVENCE
CIRE ASEPTINE
Une application quotidienne de Cire Aseptine rendra à votre teint la fraîcheur et le velouté de la jeunesse. En vente dans toutes les parfumeries et pharmacies de Paris et de Province.
JEUNESSE · BEAUTÉ
FULGERAS
Occasion Exception
Prix : 1 fr. 75
F. SIMS & MAYER, 62, rue Sa
"MAUX d'ESTO
ESSENCE de CAM
Phie DETCHEPARE BIARRITZ
DENTELLES VAL
AVI
LES POILS OU DUVETS avec l'EPIL-BAR
14, rue Popincourt, Paris.
TRANSFORME ALLIANCES
LE SAVON AMIRAL
MAIGRIR
SAVONNERIE AMIRAL, 39, rue Lafayette, Paris

Idées de lecture

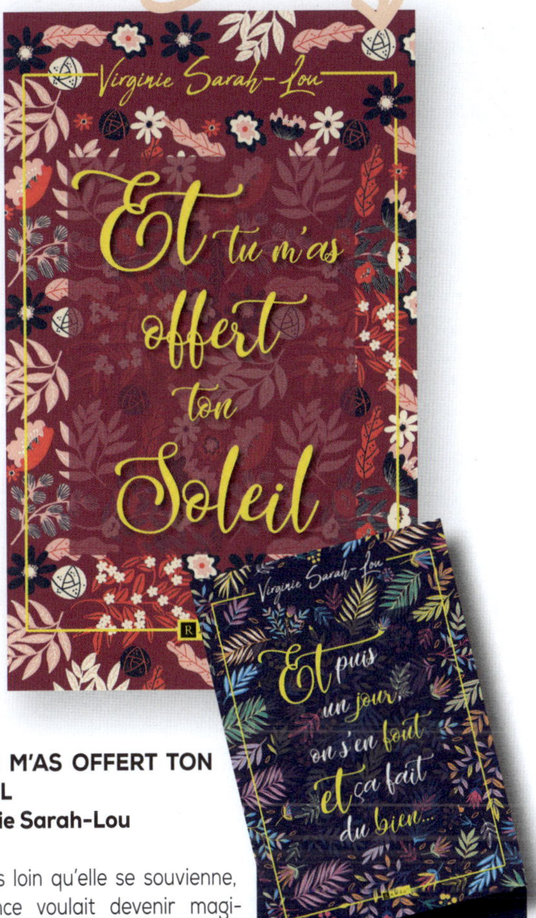

ET TU M'AS OFFERT TON SOLEIL
Virginie Sarah-Lou

Retrouvez le **premier Pop Littérature** de Virginie Sarah-Lou paru chez Ramsay en 2020

Du plus loin qu'elle se souvienne, Clémence voulait devenir magicienne. Pas pour exécuter des tours de magie avec des cartes, mais pour obtenir le pouvoir de faire naître des sourires sur tous les visages qu'elle croisait. Cette obsession la poursuivait depuis son plus jeune âge. Son souhait le plus cher ? Rendre le sourire à sa mère et effacer tous ses tourments.
En 2020, alors qu'elle se considère comme « la chercheuse d'emploi de l'année », Clémence se voit proposer un poste de chargée de mission pour l'égalité femme/homme dans une entreprise de l'industrie de la parfumerie. Il lui faudra alors utiliser toute sa ténacité et son imagination afin de mettre en place des actions permettant de tisser du lien entre les individus.
Le hasard des rencontres lui permettra-t-il de changer la couleur de ses deux univers ? La bonne humeur de Clémence sera-t-elle suffisante pour réussir tous ces challenges ?

Virginie Sarah-Lou invente des histoires dans lesquelles chacun de nous peut se retrouver. Des romans foncièrement humains qui passent des messages de bienveillance, d'espoir, de remise en question et de résilience. Son dernier roman, *Et puis un jour, on s'en fout et ça fait du bien* (Ramsay Éditions, 2020), a été le coup de cœur de nombreux libraires.

Éditions Ramsay

À VOUS DE JOUER !

3	9		5					8
		8		1				3
		6	4			7	2	
2				6		5		
		1			3		9	
	3		8		1	2		
		9	6		7		1	5
8	5			2			7	
	6			9		4		

Solution page 128

FAITS DIVERS

EXPLOSION DE FONTE

Un ouvrier chaudronnier, Henri Vanvosel, était occupé à une opération de coulage lorsque la marmite pleine de fonte en fusion a éclaté. Vanvosel a été blessé au visage et à la poitrine.

Carte postale d'antan

Souvenirs

L'eau de Cologne

Rappelez-vous la sensation de l'eau de Cologne sur votre peau... Alors que les parfums n'étaient accessibles qu'aux plus riches, l'eau de Cologne permettait de sentir bon à moindre coût. À la fin des années 1960, elle était de plus en plus considérée comme une vieillerie et semblait être laissée de côté... pour revenir au goût du jour depuis quelques années.

09

Mon conseil pour le signe de la Vierge en 2022 :

SEPTEMBRE

Beaucoup d'occasions dans tous les domaines pour vous cette année. Faites du tri et surtout pensez à vous et à vos profits. Cela écartera des plans hasardeux ou trop abstraits.

SEPTEMBRE

LUNDI	MARDI	MERCREDI	JEUDI	VENDREDI
sem. 35 SABINE 29	FIACRE 30	ARISTIDE 31	GILLES 1	INGRID 2
sem. 36 RAÏSSA 5	BERTRAND 6	REINE 7	NATIVITÉ 8	ALAIN 9
sem. 37 APOLLINAIRE 12	AIMÉ 13	CROIX GLORIEUSE 14	ROLAND 15	ÉDITH 16
sem. 38 ÉMILIE 19	DAVY 20	MATTHIEU 21	AUTOMNE 22	CONSTANT 23
sem. 39 CÔME-DAMIEN 26	VINC. DE PAUL 27	VENCESLAS 28	MICHEL 29	JÉRÔME 30

SAMEDI	DIMANCHE
◐ GRÉGOIRE 3	ROSALIE 4
○ INÈS 10	ADELPHE 11
◑ RENAUD 17	NADÈGE 18
TÈCLE 24	● HERMANN 25
GRÉGOIRE 1	ROSALIE 2

INSTANTS

Bien-être

Insensible comme une pierre

Au contraire ! Avez-vous déjà essayé de visualiser comment vous vous êtes senti aujourd'hui ? Étiez-vous joyeux, fatigué, énervé, en colère ? Inscrivez vos sentiments dans la pierre avec ce petit exercice créatif. Tout ce qu'il vous faut, ce sont quelques cailloux plats, des peintures ou marqueurs à l'acrylique et, si vous aimez, quelques grands yeux ronds rigolos que vous collerez avec de la colle de bricolage ou à chaud. Il ne s'agit pas d'obtenir un résultat esthétique parfait mais de vous faire prendre conscience de vos sentiments au cours de la journée. Plus tard, avant d'aller vous coucher, vous pourrez regarder à nouveau votre collection de pierres. Quelles pierres choisiriez-vous pour la journée passée ?

Plan B

Certains jours sont à ce point planifiés qu'on pourrait parfois penser devoir noter de respirer et de manger dans son emploi du temps pour ne pas l'oublier. Nombre d'entre nous savent déjà le lundi à quoi ressemblera la semaine, jusqu'aux cours de sport des enfants, au rendez-vous du conjoint chez le médecin et à la rencontre du club sénior où il faut conduire Mamie.
Un grain de sable est non seulement fâcheux, mais en fait tout à fait impossible, sinon c'est tout l'édifice des rendez-vous qui s'écroule.
Vraiment ? Et si vous acceptiez le risque et preniez le parti d'accepter les changements de programme ? Et qu'importe si vous avez rencontré la voisine dans l'escalier et avez pris le temps de partager un café. Elle a toujours des histoires à raconter que vous n'imagineriez même pas !
C'est amusant de se laisser distraire ! La vie est plus qu'un emploi du temps.

Le physionomiste

J'ai un ami qui est un merveilleux physionomiste. Je me rappelle qu'un jour, voyageant de compagnie, nous arrivâmes dans je ne sais quelle petite ville de province, où il me donna une preuve de son singulier talent pour juger, à première vue, des rapports mystérieux qui existent entre les figures et les aptitudes, les goûts, les professions, même, des bipèdes désignés en histoire naturelle sous le nom d'hommes.

Nous venions de descendre de diligence lorsque nous avisâmes un monsieur d'une taille moyenne, d'un visage ordinaire, qui n'offrait d'autre particularité qu'une ressemblance assez vague avec un chien dogue : un nez un peu fort, à narines très ouvertes, placé à longue distance d'une bouche dont la lèvre supérieure était excessivement mince.

— Voilà, me dit mon ami, un monsieur qui doit jouer de la clarinette.

— Hah ! répondis-je, quelle plaisanterie ! À quoi pouvez-vous reconnaître ainsi un pareil travers ? Gall n'admet point dans son système la bosse de la clarinette.

— Peu nous importe ! j'en suis sûr ; et je parierais une dinde truffée contre une stalle de l'Odéon que ce particulier pratique journellement l'anche d'une clarinette.

J'acceptai ce pari aussi grotesque qu'original, et nous nous mîmes aussitôt en devoir de chercher un moyen de vérification. Nous suivîmes le suspect, et au premier gamin que nous rencontrâmes, mon ami demanda :

IL Y A 50 ANS

3 septembre 1972 – Chaplin reçoit le Lion d'Or au Festival du film de Venise.

5 septembre 1972 – Des membres de l'équipe olympique d'Israël sont pris en otage par des membres de l'organisation palestinienne Septembre noir.

21 septembre 1972 – L'écrivain Henry de Montherlant, devenant aveugle, se tire une balle dans la gorge après avoir croqué une ampoule de cyanure.

25 septembre 1972 – Lancement de l'hebdomadaire Le Point, créé par d'anciens journalistes de L'Express.

— N'est-il pas vrai que ce monsieur joue de la clarinette ?

Le gamin nous rit au nez sans nous répondre. Nous entrâmes dans un bureau de tabac, et mon ami renouvela sa question auprès de la demoiselle de comptoir. Celle-ci ouvrit la bouche, en nous exhibant la rangée de touches de piano qui lui tenaient lieu de dents, puis voyant que, malgré son rire, nous gardions notre sang-froid, elle reprit son sérieux et nous dit, d'un ton marqué de mauvaise humeur :

— Messieurs, je n'ai pas l'honneur de vous connaître ; ayez la bonté d'aller plaisanter ailleurs.

Nous sortîmes. Mon ami était visiblement contrarié de sa déconvenue.

— Je vois bien, me dit-il, que nous ne tirerons rien de cette population, qui ne comprend pas les fantaisies d'artistes, et ne se doute pas des merveilles de la physiognomonie. J'ai envie de courir lui demander à lui-même si…

— Par exemple ! interrompis-je, ne vous avisez pas de faire une telle extravagance ! Voulez-vous donc nous faire arrêter et jeter dans une maison d'aliénés ? Il y en a partout.

— Eh bien, cherchons un autre moyen… Mais j'y songe, on joue ce soir *La Dame Blanche*, exposons-nous à cette exécution malsaine ; notre clarinette y fera peut-être sa partie.

Le soir venu, nous nous rendîmes en effet au théâtre. Hélas ! quelle ne fut pas la déception de mon ami ! Nous étions dans une de ces villes où l'on a joué *La Dame Blanche* sans musique, et remplacé le chant par un dialogue vif et animé.

— Est-il possible, s'écria-t-il tout à coup, qu'on aime si peu la musique dans un pays où l'on a une clarinette si distinguée ?

— Monsieur est étranger, on le voit bien, lui dit son voisin ; car monsieur saurait que notre ville est une des plus philharmoniques de France, si j'ose m'exprimer ainsi.

— Et vous laissez jouer *La Dame Blanche* ainsi mutilée ?

— Eh ! monsieur, voilà précisément en quoi nous faisons preuve de goût : c'est que nous ne pouvons pas souffrir la petite musiquette de vos opéras d'à présent ; nous n'aimons, nous ne comprenons que la grande musique, la seule véritable, la seule digne de l'art d'Euterpe. Ils font de belles choses vos musiciens d'aujourd'hui, je vous conseille d'en parler, avec leurs opéras où l'on crie sur des airs de contredanses ! De la musique instrumentale, des symphonies de Beethoven, de Haydn, de Mozart, des duos de Viotti, des trios, des quatuors, des quintettes, des septuors, à la bonne heure ! Ah ! monsieur, le grand septuor de Beethoven ! Et les messes donc, les messes de Lesueur, de Cherubini, et les motets, et les psaumes, voilà de la musique ! Mais vos opéras, je ne les ai pas entendus et je ne veux jamais les entendre, ce ne sont que des chansons ajustées les unes au bout des autres. Nous n'aimons pas la musique ? Quel blasphème ! Ô sainte Cécile ! Une ville qui possède une société philharmonique où l'on exécute *La Pastorale* mieux qu'au Conservatoire de Paris, et…

— Ah ! vous avez une société philharmonique ? Alors il n'est pas que vous ne possédiez une clarinette ?

— Assurément, M. Ducouac, un de nos plus fameux…

— Serait-il indiscret de demander à être admis à un de vos concerts ?

— En aucune façon. Précisément demain, nous jouons *L'Héroïque* !

Le lendemain, mon ami triomphant me prouvait qu'il avait gagné son pari, en me montrant M. Ducouac soufflant dans sa clarinette ; de plus, il continuait ses exercices de physiognomonie, en cherchant à lire sur le visage de chacun des exécutants sa profession, ses mœurs, son caractère.

— Vous voyez bien, me disait-il, ce violoncelle à tête d'âne ? C'est le monsieur qui nous a parlé hier soir et nous a fait inviter : sortez-le de ses symphonies, il est ignorant comme un vaudevilliste, et entêté… Ce chef d'orchestre est un vrai singe ; il ne sait et ne saura jamais qu'exécuter la musique d'autrui. Ces deux violonistes à figures de chat, ne voyez-vous pas que toute leur attitude dénote des tendances à la trahison féline ? Je ne voudrais pas les avoir pour amis, je les soupçonne d'être dans la police. Je gagerais que ce timbalier si alerte est peureux comme un lapin. Quant à ce trombone, regardez le collet de sa redingote, vous reconnaîtrez que la propreté n'est pas son défaut. De même qu'il est aisé de deviner que ces deux contrebassistes vivent comme des ours à qui la boîte de leur instrument sert d'antre. D'ailleurs, j'ai remarqué que la contrebasse aigrit le caractère de l'homme : Alceste devait jouer de la contrebasse.

Il aurait continué ainsi longtemps, mais le concert était fini, et nous n'avions, ni l'un ni l'autre, envie d'en tâter d'un second. Le ciel vous préserve à jamais du premier !

Grandville, *Les Métamorphoses du jour* (1869)

RECETTE

Confiture de pommes

TEMPS DE PRÉPARATION
20 MIN

TEMPS TOTAL
45 MIN

3 BOCAUX

Ingrédients

- 750 g de pommes acidulées, pelées et coupées en petits cubes
- 500 g de sucre à confiture (sucre cristal)
- le jus d'un citron jaune

Préparation

1. Dans une casserole, mettre les pommes, le sucre et le jus du citron. Mélanger. Faire cuire 25 min. Répartir la confiture aussitôt dans des pots propres et secs. Poser les couvercles à vis sur les pots, les fermer et les retourner immédiatement.

Mesdames,

[S]i vous voulez garder la **FRAICHEUR** de [VO]TRE TEINT et **RESTER JEUNES** [p]renez les **LITHINÉS DALTOZ**, [q]ui évitent les digestions lentes, pénibles et [la]borieuses.

LES LITHINÉS DALTOZ DOMINENT LA MALADIE COMME LES PYRAMIDES DOMINENT L'ÉGYPTE

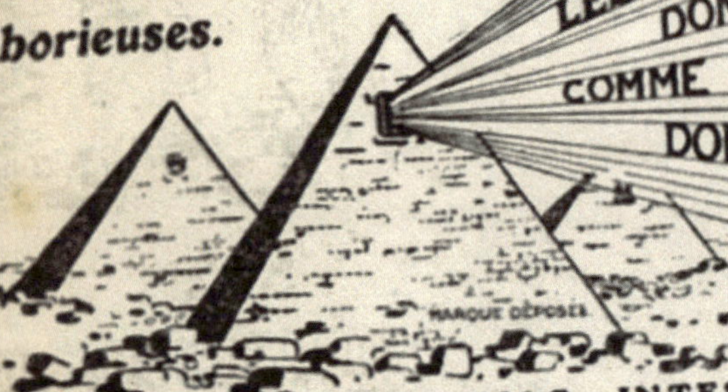

Indications : ESTOMAC, INTESTINS, FOIE, REINS, Etc.

LA BOITE DE 12 SACHETS permettant de préparer 12 litres d'eau, 1 fr.70 (le litre revient à moins de 0.15)

[L]ABORATOIRES des LITHINÉS DALTOZ, 2, Rue Olchanski, PARIS (XVIe) et dans toutes les bonnes Pharmacies

PRIME AUX LECTRICES DU PETIT ÉCHO DE LA MODE :

En découpant le bon ci-contre (en haut, à droite) et en l'envoyant avec l'adresse lisible et la somme de 1 fr.25 aux LABORATOIRES des LITHINÉS DALTOZ, 2, rue Olchanski, Paris (16e), on recevra franco une boîte de LITHINÉS DALTOZ.

N. B. — La forme originale et pratique de nos sachets qui forment entonnoir permet de verser la poudre sans en répandre.

BON pour 12 Sachets LITHINÉS D[ALTOZ]

Valable jusqu'au 15 Août 1919

Joindre 1 fr. 25 mandat ou timbres et envoyer ... lisible aux Laboratoires des Lithinés Daltoz, 2, rue ... Paris (16e).

Nom ________

rue ________ à ________

Département ________

Le plus joli et le plus amusa[nt]

L'Alphabet des Va[...]

Bel Album de 12 grandes p[...] en couleurs de R. DE LA N[...]

Partout, 1 fr.45. Franco pos[te ...]

Adresser mandat à :

M. ORSONI, 7, rue Lemaignan, P[...]

PETITE MÉTHODE DE[...]

Simple et pratique

Par Mme MARGUERITE LA[...]

Apprend à toute femme, même ta[...] des explications très claires et de n[...] démonstratives, la manière de couper [...] vêtements et de se servir des patrons.

Partout 3 francs ; franco poste : 3 fr. [...] à M. ORSONI, 7, rue Lemaignan

Les Croquis de nos [...]

Reproduction directe des [...] nos meilleurs créateurs

Nos lectrices désirant faire un cho[ix ...] maison de couture), les couturières [...] préfèrent avoir des modèles exclusif[s ...] au lieu de se servir de ceux qui ont p[...] de modes, trouveront tout cela d[...] suivantes, créées à leur intention

"LES CROQUIS DE NO[S ...]

Ces collections sont numérotées [...] chacune 25 modèles inédits et exclu[sifs ...] à la plume sur 24 feuillets de 0^m28 [...] d'un feuillet contenant les explication[s ...] et le prix des patrons sur mesures.

Prix de chaque collection, franco [...]

COLLECTION N° 1. — Robes d[...] d'honneur et dames du cortège.

COLLECTION N° 2. — Robes, T[...] personnes d'âge plus très jeunes, [...]

COLLECTION N° 3. — Toilette[s] élégantes, Bals et Théâtres.

COLLECTION N° 4. — Dernie[rs ...] et Manteaux élégants (Genre des [...]

COLLECTION N° 5. — La Mod[e ...] de ville, de cérémonie, sports et [...] accompagnés d'une revue sur la mod[e ...] cations des toilettes convenant aux di[...] la situation sociale vous fournit l'occas[ion ...]

Chaque collection franc[o ...]

Adresser commande et mandat [...] 7, rue Lemaign[an ...]

ECZEMAS

Dartres — Boutons rebelles — Croûtes — Démangeaisons — Chute des cheveux. [DIS]PARAISSENT INFAILLIBLEMENT par le [B]AUME DES CHARTREUX

DURBON. Prix 4 fr. dans les Pharmacies

Pour Maigrir

PILULES GALTON, le meilleur amaigrissant

COMPOSITION EXCLUSIVEMENT VÉGÉTALE — PAS D'IODE NI DÉRIVÉS IODÉS.

Réduction des Hanches, du Ventre, du Double-menton. — Disparition de la graisse superflue. Le flacon avec instructions 5.90 f^r (avec imp. 6.00) ; double 5.61.30 f^r (avec imp. 11.60). J. RATIÉ, ph^{ien} 45, rue de l'Échiquier, PARIS

UNE DAME ayant habité Pékin, indique gratis PROCÉDÉ CHINOIS infaillible pour enlever Rides, Taches, traces de Petite Vérole et avoir un TEINT IDÉAL. Écrire : CHINESS BANAA, 16, rue Maragras, PARIS (X^e).

Deux minutes par jour suffisent pour avoir les cheveux toujours propres, flous, brillants et faciles à coiffer.

Il n'est plus nécessaire d'attendre huit ou quinze jours pour faire un lavage des cheveux, en laissant accumuler les poussières, pellicules, gras et transpiration qui détruisent chaque jour un peu plus la beauté de la chevelure.

Aujourd'hui, il est aussi simple de nettoyer les cheveux que les mains et cela se fait en très peu de temps, deux minutes par jour suffisent, et tout le monde peut facilement les donner.

La raison de ce changement est due à la découverte du SHAMPOO SEC SEKERA qui est une poudre composée spécialement pour le nettoyage des cheveux. Son secret est qu'une partie absorbe les impuretés, et que l'autre formée de cristaux de formes différentes coulant comme du sable entraîne les corps nuisibles à la beauté de la chevelure.

L'application du SHAMPOO SEC SEKERA est d'une simplicité extrême, elle se fait avec un morceau d'ouate et une brosse.

Après un Shampoing au SEKERA, les cheveux sont soyeux, bouffants et faciles à coiffer, ils sont dans leur plus grande beauté, et vous pouvez les maintenir dans cet état en tout accordant deux minutes par jour d'entretien.

Le SHAMPOO SEC SEKERA ne change en rien la nuance des cheveux, même si elle est artificielle, il n'altère pas les ondulations et évite tous les désagréments causés par les Shampoings humides tels que : Rhumes, Maux de gorge, Rhumatismes, etc...

Le SHAMPOO SEC SEKERA est vendu se continue le sachet pour deux à quatre Shampoings ou 2 fr. 50 (impôt compris) la boîte pour vingt à quarante dans tous les grands Magasins, Parfumeries, Pharmacies, et chez SCOTT 33, Rue du Mont-Thabor, PARIS, franco contre mandat ou timbres.

Bien exiger la marque SEKERA qui seule vous donnera toute satisfaction.

LE CORSET JUVÉNIL prépare la beauté

VOYEZ :

Ampleur du thorax

Taille élancée

Ligne impeccable du dos

Plus de mauvaises attitudes

Le JUVÉNIL laisse l'enfant croître, le laisse vivre, respirer, courir, manger, digérer

C'est un corset incomparable pour l'adolescence

Prix de 6 à 20 ans 25 fr. à 37 fr. 50

L'exiger partout, FRANCE ET PARIS, 200 DÉPOTS

Nous demander la liste avec notice E

Corseterie spéciale de France, 18, rue Taitbout, Paris

[G]

Pharmacie de Famille

GOMENOL

Antiseptique Idéal

Toute personne soucieuse pour elle-même ou pour les siens de prévenir ou d'arrêter le mal à son début doit toujours avoir chez elle :

Un tube de Gomenol pur. - Un tube de Gomenol-Rhino. - Une boîte de Pilles. - Un flacon de sirop. - Un étui de Capsules. - Un flacon d'Oléo-Gomenol à 10 %. - Un tube d'Onguent. - Un inhalateur de Gomenol.

Ces produits même entamés demeurent inaltérables et sont ceux qui conviennent pour se préserver des rhumes de cerveau ou de poitrine, de la grippe, des fièvres éruptives et infectieuses, des angines, du croup, etc. ; pour panser d'urgence des brûlures, blessures, engelures, démangeaisons, rougeurs, plaies, etc.

Ils sont en vente dans toutes Pharmacies. Une boîte les contenant est expédiée franco de port et d'emballage contre un mandat-poste de 30 francs adressé au

LABORATOIRE du GOMENOL

17, rue Ambroise-Thomas,

PARIS (IXe)

L'IDÉAL DE LA FEMME CHIC

CRÈME ET POUDRE AMÉRICAINES

DOLLY

Au parfum inédit préféré

DÉPOT GÉNÉRAL : [...] PARIS [...]

POILS [...]

TUETOUT

FOUDROYEUR D'INSECTES

[...]

HÉMORROÏDES Soulagement immédiat et Guérison assurée par l'emploi de la POMMADE du Dr ZYLOR

[...]

PHARMACIE PRINCIPALE, 153, av. de Neuilly, NEUILLY-s-SEINE

MERVEILLEUSE DÉ[COUVERTE]

La Crème Cléopâtre [...] Développe, Relève, D[...] infailliblement les SEIN[S]

Renseignements gratis [...]

Prix : Traitement compl[et ...] D'ESPAGNET, 7, Rue F[...]

POUDRES et CIGARETT[ES ...]

ASTHM[E]

EMPHYSÈME — BRONC[HITE ...]

LESSIVE

sans chlore ni acide nettoie et blanchit le linge

LION BLANC

Supprime l'emploi du sa[von]

91, Grande Rue,

MONTROUGE

Idées de lecture

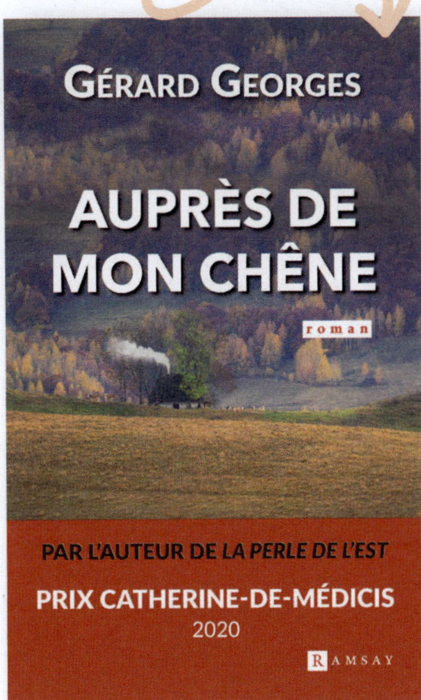

AUPRÈS DE MON CHÊNE
Gérard Georges

Un beau jour d'avril, Valbert Chassagnette réfléchit à sa vie en contemplant Genestines, son village de jeunesse dans lequel il a passé quasiment toute sa vie. Il découvre alors une fumée blanche qui s'élève au-dessus du village. Ce n'est pas la fumée de n'importe quelle maison, mais de celle de Rosine, son amour ! Valbert et Rosine, que la vie a unis puis séparés maintes fois depuis leur tendre adolescence. Le monde était alors à découvrir et ils semblaient vouloir écrire leur avenir ensemble. Mais le sort en avait décidé autrement et aucune fumée blanche ne s'était jamais élevée de la maison de Rosine… jusqu'à ce beau jour d'avril. Valbert croit toujours en cette dimension universelle de l'amour, mais quelle espérance peut-il encore avoir aux portes de la vieillesse ? De flashbacks en moments partagés, vivez cette histoire d'amour émouvante…

Romancier, poète, nouvelliste, Gérard Georges est l'auteur d'œuvres comme *Les amants du chanvre*, *Lucie Lumière* (Presses de la Cité), *La Mésangère* (Calmann-Lévy). Dans ses textes, il veut célébrer la nature et l'amour. Pour son roman *La Perle de l'Est* (Ramsay), il a été récompensé avec le prix littéraire Catherine-de-Médicis 2020.

Éditions Ramsay

À VOUS DE JOUER !

9		4		6			8	
			9		3	1		4
7		3		1			2	
8			5		1			7
	6			4		2		5
1		2						
		5		3	8		6	
4	7		6			3		8
				5		7		

Solution page 128

FAITS DIVERS

PRIS POUR UN CAMBRIOLEUR

Un artiste lyrique partait il y a trois mois en Amérique, laissant à Paris sa maîtresse qui ne tarda pas à lui trouver un successeur : un négociant en cafés. De retour à Paris, l'artiste rentra chez lui à l'improviste, vers 2 heures du matin. Le négociant, qui ne s'attendait pas à sa visite et crut avoir affaire à un cambrioleur, lui tira un coup de revolver à l'épaule droite et le blessa gravement.

Carte postale d'antan

Souvenirs

Le Hula Hoop

Ce jeu, apparu à la fin des années 1950 aux États-Unis, a été très populaire auprès des petites filles dans les années 1960. Il s'inspire, à l'origine, d'un cercle en bambou utilisé en Australie pour faire de l'exercice. Mais le Hula Hoop est constitué d'une nouvelle matière plastique : le Marlex. Dès la première année, en 1958, 40 millions de petits Américains possèdent leur propre Hula Hoop.

10

OCTOBRE

Mon conseil pour le signe de la Balance en 2022 :

Attention à votre précipitation face aux nombreuses occasions que vous aurez cette année, sinon vous courez à la catastrophe. Faites preuve de raison et d'accommodement, vous trouverez alors le bonheur et le succès.

OCTOBRE

	LUNDI	MARDI	MERCREDI	JEUDI	VENDREDI
sem. 39	CÔME-DAMIEN 26	VINC. DE PAUL 27	VENCESLAS 28	MICHEL 29	JÉRÔME 30
sem. 40	◑ GÉRARD 3	FR. D'ASSISE 4	FLEUR 5	BRUNO 6	SERGE 7
sem. 41	GHISLAIN 10	FIRMIN 11	WILFRIED 12	GÉRAUD 13	JUSTE 14
sem. 42	◐ BAUDOIN 17	LUC 18	RENÉ 19	ADELINE 20	CÉLINE 21
sem. 43	FLORENTIN 24	● CRÉPIN 25	DIMITRI 26	ÉMELINE 27	JUDE 28
sem. 44	QUENTIN 31				

SAMEDI	DIMANCHE
THÉ. DE L'E. JÉSUS 1	LÉGER 2
PÉLAGIE 8	DENIS 9
THÉRÈSE D'AVILA 15	EDWIGE 16
ÉLODIE 22	CAPISTRAN 23
NARCISSE 29	BIENVENUE 30

INSTANTS

Bien-être

Souriez

Un sourire amical ne coûte rien et peut faire des miracles. Testez sur vous-même devant le miroir de la salle de bains. Souriez un moment et vous constaterez que non seulement votre image est plus agréable, mais que votre humeur est meilleure. Vos yeux rayonnent, vos ridules s'estompent, votre esprit se calme.
Ce qui agit sur vous, agit aussi sur les autres, que ce soit avec votre famille à la maison ou dans la rue. L'amabilité est contagieuse, car lorsque vous adressez un sourire à une personne, elle sent instinctivement qu'elle n'a rien à craindre de vous, à condition que le sourire soit sincère.

Simplement lâcher-prise : Pas si simple

« Lâcher prise » - ce mot souvent utilisé trouve une application très concrète au quotidien. Ne plus pleurer sur un porte-monnaie perdu. Accepter l'annulation d'un dîner avec un invité très attendu. Ne plus penser à une douloureuse querelle. Arrêter de se demander pourquoi son meilleur ami était de si mauvaise humeur hier.
Cela ne signifie pas que nous disions : ça m'est égal. Car en fin de compte, il s'agit de choses qui nous tiennent à cœur et qui n'arrivent ou ne fonctionnent pas comme nous l'avions imaginé.
« Lâcher prise » signifie laisser les choses à ce moment comme elles sont, parce qu'on ne peut pas les changer. Se tourner vers quelque chose d'autre, en restant persuadé que tout s'arrangera au bout du compte. Et peut-être que peu de temps après, un objet perdu sera retrouvé.

Remèdes de bonne femme

Ces remèdes de bonne femme n'ont rien de médical (encore que certains médecins n'hésitent pas à en faire usage), ce sont des moyens simples de se préserver de certaines affections ou malaises, voire, dans certains cas, les améliorer ou les guérir. Qu'on comprenne bien que ces quelques renseignements ne visent nullement à remplacer l'homme de l'art, seul compétent quand un cas commence à se manifester sérieusement.

Contre les piqûres d'abeilles. Elles sont fort redoutées des personnes qui, pendant la belle saison, cueillent des fleurs. Souvent le remède est à côté du mal. Le jus fraîchement exprimé du chèvrefeuille, appliqué sur la piqûre ou frotté légèrement, pénètre dans la blessure et la guérit promptement. Nous rappellerons à cette occasion que l'eau de Javel, appliquée sur une piqûre, calme immédiatement la douleur.

Contre les piqûres d'araignées. Les piqûres d'araignées doivent être lavées avec de l'eau boriquée ou à son défaut avec de l'eau salée et vinaigrée.

Contre les piqûres de moustiques. Lorsque vous avez été piqué, prenez un peu de cendre de cigare ou de cigarette, posez-la à l'endroit douloureux, et à l'aide d'une goutte d'eau, délayez-la en frictionnant. La douleur ne tardera pas à disparaître.

Pour activer la digestion. Dans un litre de bon vin blanc, mettez dix-huit fleurs de camomille et vingt morceaux de sucre, laissez infuser un mois et filtrez. Excellent après les repas, pour les estomacs paresseux.

Pour combattre le lumbago. Frictionner la région malade avec de l'eau-de-vie camphrée et recouvrir d'ouate. En cas de douleurs un peu vives, appliquer des sacs de sable chaud ou des linges chauffés et chercher à provoquer une bonne transpiration. Le thé chaud rend de bons services dans ces cas-là.

Contre la migraine. Buvez du thé très chaud additionné de jus de citron. Recommencez si le malaise continue, et en même temps lavez-vous le front avec de l'eau chaude mélangée d'eau de Cologne.

IL Y A 50 ANS

5 octobre 1972 – Fondation par Jean-Marie Le Pen du Front national (FN), issu de formations d'extrême droite.

7 octobre 1972 – Présentation de la Peugeot 104 au Salon de l'automobile de Paris.

11 octobre 1972 – Une jeune fille de 16 ans défendue par Gisèle Halimi est relaxée après avoir avorté, en accord avec sa mère, à la suite d'un viol.

28 octobre 1972 – Premier vol de l'Airbus A300.

Combattre le hoquet. Saisissez des deux mains un objet quelconque d'un poids proportionné à votre force, par exemple une chaise, et élevez-le à la hauteur de vos yeux, en tendant verticalement vos deux bras. Cet effort répété deux ou trois fois fera sûrement disparaître votre hoquet.

Pour retirer une bague d'un doigt enflé. Enroulez autour de votre doigt un ruban ou une tresse plate quelconque en serrant légèrement et en ne laissant aucune partie découverte, sauf la bague elle-même. Levez le bras en l'air et tenez dans cette position durant quelques instants. Déroulez le ruban et la bague sortira facilement. Notons cependant qu'il faudra parfois recommencer une deuxième fois la compression à l'aide du ruban.

Arête de poisson dans la gosier. Si par hasard vous avalez une arête, ne vous effrayez pas. Un œuf cru absorbé d'un trait fera descendre immédiatement cet os de l'animal réputé maigre, et cela vaut mieux que de faire de grands efforts pour la retirer de votre gorge, ou de le faire extirper par les doigts ou les pinces d'un opérateur.

Insolation. Les troubles causés par l'insolation ou coup de soleil se bornent-ils à une rougeur superficielle de la partie exposée ? On en guérit au bout de quelques jours, en faisant des compresses d'eau vinaigrée. Lorsque l'insolation est plus forte, surtout si elle siège à la tête, on peut craindre le délire. Il faut alors placer des compresses froides sur la tête du malade, lui administrer quelques laxatifs et lui donner des boissons rafraîchissantes. Si la personne a été comme foudroyée par le coup de soleil, il faut la transporter au frais, lui placer sur la tête des compresses très froides ou même de la glace, et lui appliquer un certain nombre de sinapismes aux jambes. Il sera excellent d'administrer en lavement une décoction de feuilles de séné.

Préparer une eau ferrugineuse. L'eau rouillée se prépare en mettant dans une cruche contenant plusieurs litres d'eau une poignée de « pointes de Paris » (neuves). Versez par-dessus de l'eau bouillante (un litre par poignée de pointes), puis vous remplissez d'eau à mesure que vous en buvez. L'eau aura une teinte jaune. On peut la boire au repas, mélangée au vin.

Désaltérant pour malades. Si un fiévreux a la langue et les lèvres desséchées par le mal, passez-lui sur la bouche un carré de coton plongé dans un mélange à parties égales de bonne glycérine et de jus de citron. C'est le meilleur désaltérant.

Eau chaude comme médicament dans divers cas. L'hydrothérapie a pris une telle extension qu'on ne songe guère, en dehors des stations thermales, à se servir de l'eau chaude comme médicament. Cet agent thérapeutique en vaut cependant bien d'autres. En voici quelques applications. Le mal de tête cède presque toujours à l'application simultanée d'eau chaude sur la nuque et sur les pieds. Une serviette pliée, trempée dans l'eau chaude, tordue rapidement et appliquée sur l'estomac, agit d'une manière presque magique contre les coliques. Rien ne coupe plus rapidement court à une congestion pulmonaire, à une angine ou à un rhumatisme, que des applications bien faites d'eau chaude. Une serviette pliée en plusieurs doubles, trempée dans l'eau chaude et tordue, puis appliquée sur la partie douloureuse, apporte un prompt soulagement aux maux de dents et aux névralgies faciales. L'eau chaude, prise à larges doses, et associée à une diète appropriée, produit des soulagements dans la plupart des maladies gastriques.

Asphyxie par le charbon. Il faut de suite exposer le malade au grand air, desserrer ses vêtements, le frictionner avec des liquides stimulants (eau de Cologne, eau-de-vie camphrée, alcool camphré), le remuer, le stimuler par tous les moyens. On lui rafraîchit la figure et la tête. Lorsque la vie se ranime, on lui fait prendre des infusions de mélisse et de menthe et un peu de vin généreux. Tout cela en attendant l'arrivée du médecin.

Pastilles contre la mauvaise haleine. Qu'elle provienne de mauvaise digestion, de carie dentaire, de l'ingestion d'aliments odorants (ail, oignon, etc.), la mauvaise haleine sera combattue par le mélange suivant : 15 grammes de café torréfié, 15 grammes de sucre, 15 grammes de charbon végétal, 10 grammes de vanille. Pulvérisez finement au mortier chacune de ces substances, puis mélangez-les et triturez avec une quantité suffisante de mucilage de gomme arabique pour former une pâte épaisse. Vous divisez en pastilles d'un gramme environ et vous laissez sécher.

Les oranges et la grippe. Dès que le ciel s'assombrit, devient maussade, que le soleil nous boude et que la température s'abaisse, nous connaissons les vilains rhumes, l'influenza désagréable et la grippe fâcheuse. Et pourtant, le remède à ces indispositions est fort simple : nous n'aurions qu'à manger des oranges. Un docteur britannique affirme même qu'en mangeant une orange par semaine, tout enfant normal serait à l'abri de toute affection pulmonaire.

***Les mille secrets de tante Laure* (1932)**

RECETTE

Risotto aux carottes

TEMPS DE PRÉPARATION 10 MIN

TEMPS TOTAL 35 MIN

6 PERSONNES

Ingrédients

- 100 g d'oignon, coupé en deux
- 20 g d'huile d'olive
- 1 cube de bouillon de légumes
- 500 g de carottes, coupée en morceaux
- 200 g de riz spécial risotto
- 500 g d'eau
- 1 - 2 pincées de sel
- 200 g de lait de soja
- 1 - 2 pincées de poivre moulu
- 1 c. à soupe de persil plat frais, ciselé

Préparation

1. Mettre les oignons hachés, l'huile d'olive et le cube de bouillon dans une poêle, puis faire rissoler 5 min.
2. Ajouter les carottes et mixer.
3. Ajouter le riz, l'eau et le sel, mélanger, puis faire cuire 20 min.
4. Ajouter le lait de soja, le poivre et le persil, puis mélanger. Répartir dans des assiettes et servir aussitôt.

Une Belle Poitrine

Bon Gratuit
du PETIT ÉCHO DE LA MODE

POUR CONSEILS OU ESSAI GRATUIT ... 11, RUE DE MIROMESNIL ... DÉVELOPPEMENT RAFFERMISSEMENT

Envoyer, dès aujourd'hui, à Mme Hélène DUROY, 11, rue de Miromesnil, Division 153 A, Paris.

A toujours été, de tout temps, le plus bel ornement, le charme le plus exquis de la femme, le rêve de la jeune fille, l'ambition de toute femme, le profond regret de celles qui l'ont perdue par suite de maladies, maternités ou autres causes.

Quelle que soit la beauté du visage d'une femme, si la nature lui a donné une poitrine plate, des épaules osseuses et saillantes par de profondes salières, elle ne sera jamais un objet d'admiration comme une femme douée de beaux seins ronds et fermes et des épaules bien modelées.

Les toilettes les plus élégantes perdront, sur son buste disgracieux, le plus clair de leur effet et elle subit les pires humiliations ; en décolleté, elle se sentira inférieure à ses compagnes qui possèdent une poitrine ronde et jolie. Tout ceci appartient heureusement au passé, car l'

EXUBER BUST DEVELOPER

méthode exclusivement externe, simple et efficace, permet à toute femme ou jeune fille de transformer entièrement son buste en 2 ou 3 semaines, et ceci sans nuire à la santé et sans que son entourage, même immédiat, puisse s'en apercevoir.

Détachez le bon ci-contre et demandez aujourd'hui même les explications gratuites et confidentielles sur ma méthode, tout en spécifiant si c'est le développement ou le raffermissement qui vous intéresse. Les résultats certains et durables que vous obtiendrez vous émerveilleront et vous permettront de posséder en 3 semaines un buste parfait.

Je fais également tous les jours, de 9 heures à 12 heures et de 2 heures à 6 heures, une application gratuite à toute visiteuse qui se présentera dans mon laboratoire, munie de ce bon.

ATTESTATIONS

DÉVELOPPEMENT

Mme Y. B. a développé sa poitrine de 16 cm en 21 jours.
Mme T. M., rue des Abbesses 17 — 22 jours.
Mme A. L., rue d'Aboukir 21 — 26 jours.
Mme C. B., avenue Bel-Air 21 — 30 jours.
Mme G. R., rue Navarin 19 — 27 jours.
Mme M. G., rue Buffaut 17 — 24 jours.
Mme P. B., rue Caulaincourt

RAFFERMISSEMENT

Mme B. R. a raffermi sa poitrine en 18 jours.
Mme E. D., avenue de Versailles 17 jours.
Mme G. P., rue de Varenne 26 jours.
Mme G. C., rue d'Uzès 20 jours.
Mme L. B., place du Trocadéro 25 jours.
Mme Y. N., rue Th.-de-Banville 24 jours.
Mme B. C., rue de Téhéran 23 jours.

GOLDTUBÉ — marque déposée — usage à 0 fr. 50 le gramme. PRIX : 1f 25 (Port : 0 fr. 25). Cette jolie nouveauté, la BUSSON Porte-Bonheur gravée d'un nom tel que « MARIE », « REIMS », etc., en souvenir de ... GOLDTUBÉ, Rayon P., rue Saint-Honoré, PARIS.

... PAS L'ÉVIDENCE ... ILS ET DUVETS ... détruits pour toujours ... INSTITUT (section 19) ... de Toulouse, Saint-Gaudens (Hte-Gne).

... AMES EN 2 MOIS ... Sténo-Dactylo, Comptabilité, ... Orthographe ... 4 MOIS, L'INSTITUT POUJADE ... Paris, ou par correspondance. Placement.

LA ... des Chartreux ... est le Roi — Dépuratifs du Sang ... les maladies d'estomac, ... constipation, ... douleurs névralgiques, ... de peau, eczémas, boutons, ... des femmes, retour d'âge ... affections dues à l'âcreté du sang. Flacon 6 fr. (impôt compris) dans les meilleures Pharmacies ... Grenoble. Envoi franco par poste : 6 fr. 60.

... NÉMIE — ASTHÉNIE, FAIBLESSE, CHLOROSE — DESCHIENS à l'Hémoglobine ... Paris, 9, Rue Paul Baudry, 5.50 franco et Pharm.

Guérissez vos TOUX, RHUMES, BRONCHITES, ASTHMES, CATARRHES, MAUX de GORGE et de POITRINE avec les HERBES MARINES contenues dans l'Extrait de BENTHANE. En vente dans toutes les Pharmacies 3 fr. 25 le Flacon, franco 3 fr. 50. Laboratoires J. PAILLARD, Pharmacien de 1re classe, 144, Boulevard de Ménilmontant, Paris.

...THMATIQUE guéri de crises violentes par la Poudre GAMBIER ... Echantillon : Phie TREIGNAT (Allier).

DRAGÉES GRIMAUD au Ferct à l'Ergot de Seigle. Demandez Notice : PELAUD, 37, Bd de la Chapelle, Paris.

NE SOUFFREZ PLUS ... ESTOMAC, du FOIE, de L'INTESTIN ... Dilatations, Dyspepsies, ... Migraines, Vertiges, Constipation ... QUELQUES COMPRIMÉS de PEPSO-BRUN. VOUS SEREZ RAPIDEMENT GUÉRIS. franco 1 boîte 6.50 ... BRUN, 31, rue de Mogador, PARIS (IXe).

ECZÉMA, VARICES, HÉMORROÏDES, CONSTIPATION, REINS, FOIE, COLIQUES HÉPATIQUES, ULCÈRES VARIQUEUX, RETOUR D'ÂGE, MAUVAISE CIRCULATION DU SANG — GUÉRISON en 15 JOURS par les Pilules de l'Abbaye de Clermont. VÉRITABLE JOUVENCE. BROCHURE et RENSEIGNEMENTS GRATUITS. Laboratoire Thézée à LAVAL (Mayenne) et dans toutes les Pharmacies. Prix 5.50 (imp. comp.)

LES GRANDS PORTRAITS — les mieux faits sortent de la MAISON SPÉCIALE D'AGRANDISSEMENTS, 79, rue de Seine, près le boulevard Saint-Germain, Paris. Prix très modérés. Portrait 1/2 nature depuis 10 fr. Choix de cadres. La maison se charge aussi de la reproduction de n'importe quel document. Expédition dans toute la France. N. B. — La Maison n'est pas en boutique.

POILS — Enlevés rapidement avec la Poudre Epilatoire « Novella », Reine des poudres de ce genre. Simplicité d'application. Résultat garanti. N'occasionne jamais de rougeurs ni de boutons. La boîte : 6 fr. 60 (franco : 7 fr.) A. B. B., 376, rue Saint-Honoré, Paris.

GERÇURES, CREVASSES évitées par l'emploi de la CRÈME LATINE. Le tube, 2 fr. 35. Tube d'essai 0 fr. 60. P. BARRÉ, 1, rue Jules-César, Paris.

EPILEPTIQUES — MAINTENANT VOUS GUÉRIREZ. N'HÉSITEZ PAS à demander au Laboratoire du Sud-Est, à Saint-Priest (Isère) les preuves gratuites de la guérison de L'EPILEPSIE et MALADIES NERVEUSES même désespérées.

ÉCONOMISEZ vos CHAUSSURES en y adaptant facilement vous-mêmes les SEMELLES & TALONS en cuir chromé imperméable SMELDU. Dépense minime. — Résultats inouïs. — Notice franco. SMELDUR, E. 91, rue Lafayette, Paris (IXe).

JE SUIS LA GEMME ATZEL — JE SÈME LE BONHEUR. J'OFFRE à tous la « GEMME ATZEL », élégante taillée et sertie ... les lois astrologiques : cette Gemme Porte-Bonheur gravée spécialement selon la nativité de chaque personne ... Montée sur bijoux or ou argent — contrôlés par l'État — elle constitue un véritable Bijou-Talisman. Nombreuses attestations. Demandez le Livre d'Or et la plaquette ... Envoi sous pli fermé, 50 cent. ... Bijoutier - Lapidaire, 18, rue des Gras, 18, section ... Clermont - Ferrand (P.-de-D.). Maison créée en ...

Maladies de la Femme — LA MÉTRITE. Il y a une foule de malheureuses qui ... Exiger ce portrait ... JOUVENCE de l'Abbé SOURY ... dans toutes les Pharmacies ... Pharmacie Mag. DUMONTIER, à Rouen ... Bien exiger la Véritable JOUVENCE de l'Abbé Soury avec la signature Mag. DUMONTIER.

PLUS DE CHEVEUX BLANCS ! PLUS DE BARBES GRISES ! par une seule application tous les 15 jours, LE NIGER donne instantanément les nuances : Blond cendré, Blond clair, Blond, Châtain clair, Châtain, Châtain foncé, Brun et Noir. NE TACHE PAS LA PEAU ET SÈCHE DE SUITE. Pour éviter les Contrefaçons, exigez le Véritable NIGER de HARRIS. 5'50 la Boîte (impôt compris) chez Coiffeurs, Parfumeurs et Herboristes. Envoyez timbres ou mandat et recevrez discret et cacheté. HARRIS, 13, Rue de Trévise, PARIS. — Port 0'60. Franco par 3 boîtes.

Wood-Milne — Talons Caoutchouc LES PLUS DURABLES. Dames 1.25, Hommes 1.50 la paire. En vente partout et rayon 41 — SKEPPER, 103, Avenue Parmentier, Paris. Joindre mandat ou timbres et donner le tracé de votre talon pour indiquer la grandeur.

CREM' ALBA Hygiène et velouté incomparable de la peau. Non brillante tient la poudre indéfiniment. La meilleure et la meilleure marché de toutes les crèmes. Prix : 1 franc. En vente partout. Envoi franco 2 tubes contre bon de poste de 2 fr. Gros : PERRIN, 32, rue Lévis, PARIS.

CILS et SOURCILS épais et fournis. Charme du regard. Résultats infaillibles par le KANGO D'ASIE. Le pot 4.50 franco. PALISSE, 4, Place Brauhauban à Tarbes (H.-P.)

Vous pouvez obtenir GRATIS une paire de semelles en CUIR CHROMÉ IMPERMÉABLE en envoyant cette annonce avec votre adresse à la Mle SMELBOOT, ENGHIEN (S.-&-O.)

BEAUTÉ, CONSERVATION, HYGIÈNE des DENTS par le GLYCODONT. SAVONNE-BLANCHIT-PARFUME. Tube 1f 25 et 1f 95 franco timbres. GROS : 59, FAUBg POISSONNIÈRE, PARIS.

Idées de lecture

RÉJOUIS-TOI JÉRUSALEM
Alain Paraillous

Dernière fille d'Aliénor d'Aquitaine et d'Henri II Plantagenêt, Jeanne a hérité du caractère bien trempé de sa mère. Refusant les mariages de raison qu'on lui propose, elle est mise en pension chez les moniales de Fontevrault où ses retrouvailles avec un jeune sculpteur déjà rencontré en Angleterre vont bouleverser son destin. Mais le déclenchement de la IIIe croisade l'oblige à quitter la France pour la Sicile, puis la Terre Sainte aux côtés de son frère, le futur Richard Coeur de Lion. Là-bas, malgré des périodes d'accalmie, l'affrontement entre chrétiens et musulmans dure depuis plus d'un siècle. Pour chaque camp, Jérusalem est la cité de Dieu, et les luttes se révèlent sans merci. Une union entre Jeanne et Malik-Al-Adhil, le propre frère de Saladin, serait-elle de nature à apporter enfin l'apaisement ?

Auteur de nombreux romans (*La Rumeur du fleuve*, *Anouchka des Landes*), Alain Paraillous a aussi écrit plusieurs ouvrages historiques et de jeunesse. Le film *L'Occitanienne, le dernier amour de Chateaubriand* (2008) – avec Bernard Le Coq – dont Alain Paraillous a écrit le scénario, a contribué à le faire connaître d'un large public.

Éditions Ramsay

À VOUS DE JOUER !

4		5		3	9	6		
		9		7			4	2
	7		6			5		
	2					3		1
				4			8	
1			8		7	9		
	1			5			2	
7		2	9		3		5	
	3			1		4		6

Solution page 128

FAITS DIVERS

MOTOCYCLETTE EMBALLÉE AU MILIEU D'UNE FOULE

Un jeune ouvrier tonnelier ayant voulu expérimenter une moto dont il connaissait mal le maniement n'en fut plus maître. Emporté à une allure vertigineuse, il traversa les rues en trombe et piqua droit vers une foule nombreuse. Il blessa un domestique et alla s'abattre au milieu de la foule épouvantée, mettant ainsi fin à sa course folle.

Carte postale d'antan

Souvenirs

La gomina

La mode de la gomina entre en France grâce aux Britanniques, durant la Seconde Guerre mondiale. Les Français l'adoptent sous le nom de Pento, marque qui écoulera plus de 5 millions de tubes en 1950. La gomina devient un accessoire essentiel dans la panoplie de l'homme des années 1960. Mais dès les années 1970, la gomina ne plaît plus aux Français qui lui associent désormais une image un peu ringarde...

11 NOVEMBRE

Mon conseil pour le signe du Scorpion en 2022 :

Continuez à défendre vos convictions avec le sourire et vous verrez tous les bénéfices que vous en tirerez.

NOVEMBRE

LUNDI	MARDI	MERCREDI	JEUDI	VENDREDI
sem. 44 QUENTIN 31	◐ TOUSSAINT 1	DÉFUNTS 2	HUBERT 3	CHARLES 4
sem. 45 CARINE 7	○ GEOFFROY 8	THÉODORE 9	LÉON 10	ARMISTICE 1918 11
sem. 46 SIDOINE 14	ALBERT 15	◑ MARGUERITE 16	ÉLISABETH 17	AUDE 18
sem. 47 PRÉS. DE MARIE 21	CÉCILE 22	● CLÉMENT 23	FLORA 24	CATHERINE 25
sem. 48 JACQ. DE LA M. 28	SATURNIN 29	◐ ANDRÉ 30	FLORENCE 1	VIVIANE 2

SAMEDI	DIMANCHE
SYLVIE 5	BERTILLE 6
CHRISTIAN 12	BRICE 13
TANGUY 19	EDMOND 20
DELPHINE 26	ÉMELINE 27
FRANCOIS-XAVIER 3	BARBARA 4

INSTANTS

Bien-être

L'inspiration n'aime pas la télévision

Mauvaise nouvelle pour les accros aux séries : une étude scientifique a montré que la télévision tuait la créativité. Donc, si vous avez justement le sentiment que l'inspiration vous a touché, éteignez absolument le poste. Car le flot d'images et d'informations préfabriquées qui nous parvient freine aussitôt l'élan créatif. Il semble aussi que fixer des images défilant rapidement engourdisse le cerveau. Sans oublier qu'on a tendance à rester collé devant la lucarne, or notre temps est tout simplement trop précieux pour cela.

Pleine conscience au travail

Avoir de bonnes relations, écouter l'autre, fixer des priorités et faire ensuite ce qu'il y a à faire avec tout son cœur. De toute façon, c'est cela l'idéal au travail, pensez-vous. Pourquoi aurions-nous besoin en plus de pleine conscience ?
Précisément : c'est un idéal. Qui malheureusement reste au niveau de l'idéal. En pratique, nous nous énervons assez souvent. Comme face à toutes ces négligences des collègues. Par exemple, dans le coin cuisine, où en plus d'une mauvaise ambiance règne aussi le chaos parce qu'à nouveau, personne n'a vidé le lave-vaisselle. Il n'y a plus de papier dans la photocopieuse et personne n'est allé en chercher. Devant l'ascenseur, les bouches s'affaissent et les regards sont fixes.
« Pleine conscience » signifie ne pas faire dépendre son bien-être des conditions extérieures et de l'humeur des autres. Si vous croisez quelqu'un qui ne sourit pas, justement, adressez-lui un sourire. La photocopieuse est vite rechargée en papier et le sujet lave-vaisselle est gentiment mais fermement évoqué auprès des buveurs de café. C'est aussi cela la pleine conscience.

Marguerite et Jean

Il y avait une fois un pauvre bûcheron qui vivait avec sa femme et deux enfants, un garçon et une fille, au milieu des bois, dans une chétive cabane. Le garçon s'appelait Jean, la fille Marguerite. De plus en plus, la misère du bûcheron s'accroissait et lui causait de grands soucis.

Un soir, il dit en soupirant à sa femme :
« Comment allons-nous faire pour nourrir nos enfants ? Nous voilà à l'entrée de l'hiver, et nous n'avons rien pour nous-mêmes.
— Si tu veux m'en croire, répliqua la femme, tu les conduiras dans les profondeurs de la forêt, tu leur donneras encore un petit morceau de pain, tu leur allumeras du feu, et tu les laisseras là en les recommandant au bon Dieu.
— Ah ! Seigneur du ciel, s'écria le bûcheron, puis-je jamais songer à perdre ainsi mes enfants ?
— Eh bien ! repartit la femme, tu les verras mourir de faim, et nous mourrons de même ; tu peux faire préparer notre cercueil. »
Les enfants, que la faim tenait éveillés dans leur lit de mousse, entendaient cet entretien. Marguerite se mit à pleurer. Mais Jean lui dit : « Ne pleure pas, ma petite sœur, je trouverai bien un moyen de salut. »
Dès que ses parents furent endormis, il se leva sans faire de bruit, sortit de la cabane, s'en alla ramasser des petits cailloux blancs et les rapporta dans son lit.

Le matin, les parents avaient pris leur douloureuse résolution. La mère donna aux enfants un morceau de pain, puis ferma la porte du logis et se mit en marche. Le bûcheron l'accompagnait tristement, portant sa hache sur l'épaule. Ensuite venait Marguerite, puis Jean qui, de distance en distance, laissait tomber par terre ses petits cailloux.
Quand ils furent au milieu de la forêt, les enfants ramassèrent des branches sèches avec lesquelles le bûcheron alluma du feu ; puis la mère leur dit : « Vous devez être fatigués. Dormez près de ce feu, tandis que nous irons couper du bois. Nous vous reprendrons en revenant. »
Les petits sommeillèrent jusqu'à midi. Quand ils se réveillèrent, leur brasier était éteint, et ils avaient faim. Ils mangèrent leur morceau de pain, puis de nouveau s'endormirent, et ne s'éveillèrent que le soir. Leurs parents ne revenaient point. Marguerite se mit à pleurer.

IL Y A 50 ANS

7 novembre 1972 – Réélection de Richard Nixon à la présidence des États-Unis, malgré l'affaire du Watergate... qui le conduira à démissionner en 1974.

22 novembre 1972 – Levée de l'interdiction, vieille de vingt-deux ans, pour les Américains de se rendre en Chine.

22 novembre 1972 – Décès de l'acteur, chansonnier, scénariste Raymond Souplex, au générique de 56 épisodes de la série Les cinq dernières minutes.

28 novembre 1972 – Exécution de Claude Buffet et Roger Bontems, condamnés le 28 juin pour les meurtres d'un gardien et d'une infirmière à la prison de Clairvaux.

« N'aie pas peur, lui dit Jean, le bon Dieu est avec nous. Bientôt la lune va se lever, et nous rentrerons au logis. »

Un instant après, en effet, la lune se levait et éclairait les sentiers de la forêt. Jean prit sa sœur par la main. L'un et l'autre se mirent bravement en marche. Au point du jour, ils arrivaient à la cabane de leurs parents et frappaient à la porte. La mère, en les voyant, fut bien étonnée. Mais le père se réjouit de leur retour.

Quelque temps après, de nouveau la misère le ramena à sa première résolution. De nouveau les enfants entendirent son entretien avec leur mère.

De nouveau Jean voulut aller ramasser des petits cailloux. Mais la porte de la hutte était fermée. Cependant, il consola sa sœur ; il lui disait : « Ne pleure pas. Le bon Dieu connaît tous les chemins. Il nous mènera vers celui que nous devrons suivre. »

Le lendemain matin de bonne heure, les enfants reçurent un morceau de pain plus petit encore que la première fois, et furent conduits plus avant dans la forêt. Jean broyait son pain dans sa poche et en répandait les miettes par terre, pensant qu'elles l'aideraient à retrouver sa route. Comme la première fois, il ramassa avec sa sœur des branches sèches pour faire du feu. Puis les parents s'éloignèrent, et Marguerite et Jean dormirent jusqu'à midi. Jean n'avait plus une seule miette de pain. Mais sa sœur partagea avec lui le morceau qu'elle avait gardé. De nouveau ils s'endormirent. Quand ils se réveillèrent, autour d'eux tout était sombre. Marguerite pleurait. Son frère lui disait : « Ne pleure pas, je te ramènerai à la maison. »

Et lorsque la lune fut levée, il prit la petite fille par la main et se mit en marche avec elle, comptant retrouver son chemin par les miettes de pain.

Mais les oiseaux avaient mangé toutes ces miettes. Les enfants errèrent toute la nuit dans la forêt sans pouvoir retrouver leur chemin. Épuisés de fatigue, ils se couchèrent sur la mousse et s'endormirent. En s'éveillant, ils souffraient de la faim ; quelques fruits sauvages les soulagèrent. Ils se remirent encore en marche, sans savoir de quel côté ils devaient se diriger ; et voilà qu'un petit oiseau blanc se mit à voler devant eux, et ils le suivirent, pensant qu'il les conduirait dans le bon chemin. Tout à coup, ils virent devant eux une jolie maisonnette sur laquelle l'oiseau alla se poser et la becqueta. Les enfants s'approchèrent, et qu'on se figure leur étonnement et leur joie quand ils virent de quoi se composait cette maison. Ses murailles étaient

[Suite page 120]

Fête de Noël, autrefois en Bourgogne

La fête de Noël a été de tout temps l'objet d'une vénération extrême dans nos contrées. On n'attendait même pas toujours sa venue pour la célébrer. Dans plusieurs pays, on y préludait par des manifestations et des réjouissances qui prenaient différentes formes.

À Avallon, jusqu'à la Révolution, chaque jour pendant les Avents, des musiciens gagés par la ville parcouraient les rues en exécutant sur leurs instruments des airs de Noël et des cantiques, à la louange de Dieu et en l'honneur de la vierge Marie.

À Auxerre, à la même époque de l'année, dans un temps plus rapproché de nous, on chantait dans chaque famille des noëls dans lesquels étaient décrits les principaux épisodes de la conception et de la naissance du Christ. La veille de Noël, surtout, cette coutume prenait un caractère d'allégresse tout particulier.

Dans chaque maison, la famille, groupée devant l'âtre où brûlait la plus grosse bûche de la provision d'hiver, dite « miche de Noël », attendait la messe de minuit en tournant et en mangeant des crêpes qu'on arrosait de vin chauffé dans le pichet.

L'usage de la bûche de Noël était commun à toutes les parties de notre région. Seul le temps pendant lequel devait brûler cette bûche différait suivant les pays. Mais ce qui partout se rapportait, c'était l'obligation où l'on se tenait de la faire durer au moins durant toute la nuit de Noël. Le motif en était, dans beaucoup d'endroits (Beauvillers, Saint-Martin-sur-Ouanne, etc.), que pendant ce temps la Vierge pouvait venir changer l'Enfant Jésus de langes et lui faire chauffer sa bouillie. À Thory, pour l'y convier, les ménagères faisaient, la veille de Noël, un nettoyage à fond de toute la maison.

La bûche de Noël avait encore, d'ailleurs, d'autres objets d'utilité personnelle pour ceux qui l'allumaient. On en recueillait le charbon, tantôt pour le mettre au grenier afin d'écarter la vermine (Égriselles-le-Bocage), ou dans les tas de blé pour écarter les rats (Chassigny) et les charançons (environs d'Avallon), et pour empêcher que les chats n'y vinssent déposer leurs excréments (Angely). À Maligny, ces débris étaient répandus dans les jardins comme préservatifs contre les taupes ; à Seignelay, on les gardait pour conjurer la foudre ; à Bléneau, lorsque les vaches avaient fait un veau, on mettait un fragment de ce charbon dans leur buvée afin de les faire délivrer facilement. Ailleurs (Collemiers), on ramassait les cendres et on les portait à l'église pour la distribution du mercredi des Cendres. Dans le canton d'Aillant, où la bûche devait brûler trois jours, on en réservait les cendres et le dernier tison pour les mélanger à la semence du blé, afin de le préserver de la carie. À Cure, à Chamoux, on répandait les cendres autour des habitations pour éloigner les serpents.

Parfois aussi on demandait à la bûche de Noël des présages. Dans le canton de Coulanges-la-Vineuse, par exemple, on frappait sur la bûche avec la pincette. Plus il en sortait d'étincelles, plus les blés seraient grainés. Mais en Puisaye, au rebours, il ne faisait pas bon se livrer à ces curiosités. Malheur à celui qui tisonnait la bûche de Noël : il lui venait aussitôt des furoncles à une partie de lui-même sur laquelle il ne pourrait plus s'asseoir.

[Suite page 122]

RECETTE

Gratin de gnocchi

au Beaufort

TEMPS DE PRÉPARATION
20 MIN

TEMPS TOTAL
1 H 15 MIN

6 PERSONNES

Ingrédients

Les gnocchi

- 1000 g d'eau
- 750 g de pommes de terre farineuses, spécial purée, type Bintje, non épluchées
- 1 œuf
- 340 g de farine de blé, et un peu pour le plan de travail
- 1 c. à café de sel, à ajuster en fonction des goûts
- 3 pincées de poivre moulu, à ajuster en fonction des goûts
- 3 pincées de noix de muscade fraîchement râpée
- 1 c. à soupe d'huile d'olive

Le gratin

- 150 g d'oignons
- 150 g de bacon
- 200 g de vin blanc
- 200 g de crème fraîche épaisse, 30% m.g. min.
- 20 g d'huile d'olive
- 500 g de Beaufort coupé en morceaux

Préparation

Les gnocchi

1. Faire cuire les pommes de terre à la vapeur 30 min.
2. Les éplucher et les couper en morceaux dans un saladier. Ajouter l'œuf, la farine, le sel, le poivre, la noix de muscade, l'huile d'olive, puis mélanger. Transvaser la pâte sur un plan de travail fariné, la rouler en boule, l'envelopper du film alimentaire, puis laisser refroidir à température ambiante.

Le gratin

3. Hacher les oignons.
4. Dans une poêle, les ajouter au bacon coupé en lamelles et faire rissoler 5 min.
5. Ajouter le vin blanc et la crème fraîche, puis faire cuire 5 min. Réserver.
6. Préchauffer le four en mode gril à 210°C (Th. 7).
7. Porter à ébullition une grande quantité d'eau dans une casserole. Une fois la pâte refroidie, la déballer, puis la rouler en boudin de 1 cm d'épaisseur. Détailler ensuite en petits tronçons (1,5 cm env.), puis les rouler de manière à obtenir une forme ovale. À l'aide d'une fourchette, réaliser une petite empreinte sur chaque gnocchi, puis les plonger dans l'eau bouillante pendant 3 min environ ou jusqu'à ce qu'ils remontent à la surface. Égoutter et réserver.
8. Faire chauffer une poêle antiadhésive avec l'huile d'olive, puis dorer les gnocchi. Transvaser les gnocchi dans un plat à gratin, les napper de préparation au bacon, puis recouvrir de Beaufort. Enfourner et griller 12 min à 210°C. Servir sans tarder, accompagné d'une salade verte.

RÉCLAME D'ANTAN

OCCASIONS DE PARIS

Petite liste d'articles épuisés : gabardine, bayadère, drap noir et gris chiné, ruban sémiramis n° 3, serviettes nids d'abeilles à 16 et à 17 fr. la douzaine, dentelle et entre-deux imitation grille d'Irlande.

SUPPORT POUR LAMPE-RÉCHAUD
“ LE ROITELET ”

Pouvant s'adapter sur toutes les lampes Pigeon

La véritable économie consiste à *ne rien laisser perdre.* Quand vous allumez votre lampe, elle produit à la fois *de la lumière* et *de la chaleur.* Pourquoi n'utilisez-vous que la lumière ? Cependant l'essence vous coûte assez cher pour que vous en tiriez tout le service possible. Grâce au support “ le Roitelet ”, très solide, très léger, vous pourrez chauffer tout ce que vous voudrez sur votre lampe Pigeon qui éclairera tout autant. Prix du support “ Roitelet ” en métal blanc et aluminium pour lampe Pigeon. *Franco.* . . . . . . 3 francs

Cheviote n° 3570, épais et chaud, marine clair marine foncé, **tout laine.** Largeur 1 m. 30.

Le mètre, franco	23 fr. 50.
Les 3 mètres, franco gare	69 fr. 50.
Les 5 mètres, franco gare	115 francs.

Diagonale marine n° 890, largeur 1 m. 05.

Petite étoffe très pratique, pouvant s'employer com… doublure chaude, et aussi pour robes d'enfants, p… tabliers, etc.

	7 francs.
Le mètre, franco	20 fr. 50
Les 3 mètres, franco gare . ..	34 fr. »
Les 5 mètres, franco gare . ..	

Tulle grec pour rideaux, dessus de lit et tous tra… d'ameublement. Bonne qualité.

a. *Réseau fin à pois, largeur 1m20, le mètre fco* 4 fr…
b. *Réseau fin, largeur 1m20, le mètre fco* . . 5 fr…
c. *Gros damier, largeur 1m20, le mètre fco.* . 4 f…

Ces articles sont payables intégralement en argen… bons remboursables sont rigoureusement refusés.

Adresser commandes et mandats à M. Orsoni, … Lemaignan, Paris (XIVe).

Idées de lecture

LE FILM
Cynthia Sardou

Louise Godwin est une jeune actrice douée de 23 ans qui décroche sa première nomination aux Oscars américains pour le film *Secret dans la nuit*. Cette nomination lui tient beaucoup à coeur, non seulement parce que c'est l'aboutissement de sa passion et de son travail de plusieurs années, mais aussi à cause du rôle particulier qu'elle joue dans le film. Elle incarne le personnage d'une femme tourmentée, victime de la domination et de la violence de son mari. Pour attendre le verdict des Oscars, Louise est accompagnée de Kevin, son charmant agent californien. Mais pourquoi Kevin ne sourit-il pas quand la nomination de Louise est mentionnée ? Qui est cet homme qu'on rencontre souvent au fil des pages sans arriver à le cerner ? Ce que Louise ne sait pas, c'est que sa vie va prendre un tournant hitchcockien. La réalité rejoint la fiction ; sa propre vie tourne au cauchemar. Contrairement au scénario du film qui l'a rendue célèbre, pourra-t-elle s'en sortir ? Ce roman met en scène des femmes qui marquent le monde du cinéma par leur talent et leur ténacité...

Cynthia Sardou a travaillé comme journaliste en France chez I-Télé (CNews), avant d'être correspondante en Californie pour des événements cinématographiques tels que les Oscars ou les Golden Globes. En 2011, elle s'installe au Canada et y anime sa propre émission culturelle sur Radio Mieux Être. Elle est auteure et co-auteure de plusieurs ouvrages, dont le dernier, *Aimer, Encore et Toujours*, ouvrage collectif, est paru aux Éditions Druide. Pour écrire son premier roman, Cynthia Sardou s'est inspirée de son expérience à Hollywood et nous propose dans une fiction palpitante un regard éclairé sur le monde du cinéma.

Éditions Ramsay

À VOUS DE JOUER !

2				1		6		7
	4		3	2			5	
6					8			
	5	9		8		7		
8			7		1			4
		1	5					3
	2			4	3	8		
	3		6				2	1
7		4		5			6	

Solution page 128

FAITS DIVERS

ÉVENTRÉ EN DORMANT

Dans un hôtel, à la suite d'une discussion avec son amie – une jeune Bretonne qui allait être mère –, un garçon de cercle s'était couché et dormait profondément lorsque, vers 3 heures du matin, la jeune bonne se leva et, armée d'un solide couteau, lui ouvrit le ventre d'un coup terrible. Son amant voulant l'abandonner, elle avait juré de se venger.

Carte postale d'antan

Souvenirs

Le scopitone

Souvenez-vous : le scopitone, c'était cette grosse machine qui permettait de voir les premiers clips ! Chaque machine pouvait contenir trente six vidéos de chansons yé-yé du moment. Avant de se frotter au cinéma, Claude Lelouch a réalisé de nombreux petits films pour scopitone, tournés avec peu de moyens en un temps record.

12
DÉCEMBRE

Mon conseil pour le signe du Sagittaire en 2022 :

Attendez entre mai et octobre pour vous affirmer et éviter les coups d'épée dans l'eau.

DÉCEMBRE

Lundi	Mardi	Mercredi	Jeudi	Vendredi
sem. 48 Jacq. de la M. 28	Saturnin 29	André 30	Florence 1	Viviane 2
sem. 49 Gérald 5	Nicolas 6	Ambroise 7	○ Imm. Conception 8	Pierre Fourier 9
sem. 50 Jeanne F.C. 12	Lucie 13	Odile 14	Ninon 15	◑ Alice 16
sem. 51 Urbain 19	Théophile 20	Hiver 21	Françoise-Xavière 22	● Armand 23
sem. 52 Étienne 26	Jean 27	Innocents 28	David 29	◐ Roger 30

SAMEDI	DIMANCHE
FRANCOIS-XAVIER 3	BARBARA 4
ROMARIC 10	DANIEL 11
GAËL 18	GATIEN 19
ADÈLE 24	NOËL 25
SYLVESTRE 31	JOUR DE L'AN 1

INSTANTS

Bien-être

Se relâcher

De nombreuses parties de notre corps ont la capacité de se crisper : nos épaules sont en permanence levées, la nuque s'agrippe aux épaules, les sourcils forment un arc montagneux au-dessus de la racine du nez, les dents sont serrées comme des étaux. Vérifiez de temps en temps : secouez les épaules, faites des cercles avec vos mâchoires, relevez la tête, et, le plus important, souriez. C'est alors tout le visage qui se détend.

Simplement pas envie

Une magnifique journée. La bonne humeur se répand. Le printemps flotte dans l'air et c'est la première fois qu'il fait suffisamment chaud pour ne porter qu'un t-shirt. Les voisins ont déjà installé le barbecue. Un match de foot est retransmis à la télé. Une petite soirée est prévue le soir avec plein de vieux amis. Tout est pour le mieux.
Seul problème : aucune envie ! Ni de barbecue, ni d'applaudir les buts, ni de soleil sur la peau blanche et encore moins de la bonne humeur des amis avec qui il faudrait s'amuser toute la soirée.
Pas de problème ! Ça peut arriver. Aucune raison de s'inquiéter. Laisser suffisamment de place à ses sentiments ne signifie pas qu'il faille toujours être de bonne humeur. Il peut aussi y avoir des jours que l'on préfère passer avec soi-même. Les autres font la fête, moi je reste aujourd'hui à la maison. Seulement moi, ma musique préférée et une tasse de thé. La prochaine fois, j'irai, parce que j'en aurai envie et non parce que je le dois.

[Suite de la page 111]

faites avec de fines tranches de pain, sa toiture avec des gâteaux, ses fenêtres avec du sucre candi. Jean et Marguerite, qui avaient faim, mangèrent un morceau du toit et la moitié d'une vitre. Tout à coup, ils entendirent une voix qui criait : « Tipe, tope, tape, ton, qui donc détruit ma maison ? »
En entendant cette voix aigre et dure, ils eurent bien peur. Cependant, comme ils avaient faim encore, ils se remirent à manger. Alors, ils virent apparaître une vieille femme hideuse, toute petite, avec une grande bouche, un grand nez, une figure noire et des yeux verts. À cet aspect, Jean et Marguerite voulurent s'enfuir. La vieille, pourtant, les rassura : « Ne vous effrayez pas, leur dit-elle, et suivez-moi. J'ai de meilleures choses à vous donner. »

Ils entrèrent avec elle dans sa demeure, et là, quelle richesse ! Du sucre, des biscuits, du lait, des macarons, des pommes et des noix. Pendant qu'ils regardaient, émerveillés, ces amas de friandises, la vieille leur préparait deux jolis petits lits blancs. Ils firent pieusement leur prière du soir, puis se couchèrent.
Cependant, cette vieille était une affreuse sorcière qui attirait les petits enfants par ses sucreries et les mangeait.

Le lendemain matin, elle s'avança avec une joie féroce vers les deux couchettes où reposaient les deux beaux enfants. D'une main elle prit Jean par le milieu du corps, de l'autre elle lui fermait la bouche pour l'empêcher de crier. Elle l'emporta et l'enferma dans le poulailler, puis elle revint vers Marguerite et lui dit d'une voix farouche : « Lève-toi, paresseuse. Ton frère est avec les pies ; il va s'engraisser pour me faire un bon rôti. »
La pauvre Marguerite, tout épouvantée, pleura et se désola. Mais ni ses larmes ni ses gémissements ne pouvaient attendrir l'horrible sorcière ; et elle était forcée de faire près d'elle l'ouvrage d'une servante. De temps à autre la vieille allait au poulailler et disait à Jean de lui passer un doigt à travers les barreaux de sa prison, pour qu'elle vît s'il engraissait. Le malin Jean lui présentait un os desséché.

IL Y A 50 ANS

1er décembre 1972 – Rassemblement de la Gauche, au Palais des Sports, en faveur du Programme commun.

13-17 décembre 1972 – XXe Congrès du PCF : Georges Marchais est élu secrétaire général, succédant à Waldeck Rochet, élu président d'honneur.

21 décembre 1972 – Découverte des seize rescapés d'un avion uruguayen qui s'était écrasé dans les Andes le 13 octobre : ils ont dû se nourrir des cadavres des victimes pour survivre.

26 décembre 1972 – Déclaration d'utilité publique de l'extension du camp du Larzac.

« C'est singulier, murmurait-elle en secouant la tête, comme il profite peu de la bonne nourriture qu'on lui donne. »

Un matin, fatiguée d'attendre si longtemps, elle s'écria : « Il faut en finir. Aujourd'hui même je le rôtirai. »

Elle alluma un grand feu dans le four pour y faire cuire du pain, et son intention était d'y faire griller aussi la petite Marguerite. « Monte, lui dit-elle, sur cet escabeau, et arrange la braise dans le four avec cette perche. »

Marguerite se disposait à lui obéir, quand elle entendit le petit oiseau blanc qui lui chantait : « Prends garde ! Prends garde ! »

Elle comprit le cruel dessein de la vieille, et lui dit : « Montrez-moi ce que je dois faire. »

La sorcière se hissa sur l'escabeau, se pencha vers la gueule du four. Aussitôt Marguerite l'y jeta, puis referma le four avec sa plaque de fer, et s'en alla délivrer Jean ; et tous deux, s'embrassant et remerciant Dieu, sortirent avec bonheur de cette maudite maison.

À la porte, l'oiseau blanc les attendait avec les autres oiseaux qui avaient mangé les miettes de pain de Jean. Chacun d'eux voulait faire un présent aux deux gentils enfants. Marguerite étendit son tablier. Les oiseaux y jetèrent des perles et des pierres précieuses. Puis celui qui avait déjà accompagné les deux innocents petits voltigea devant eux pour leur montrer leur chemin. Ils traversèrent ainsi la forêt et arrivèrent au bord d'un grand lac, où un cygne blanc se promenait.

« Oh ! beau cygne, dirent les enfants, veux-tu nous aider à passer ce lac ? »

À ces mots, le cygne s'approcha d'eux en baissant la tête, et l'un après l'autre les transporta sur l'autre rive. Là était déjà le petit oiseau blanc, qui se remit à voltiger devant eux pour les guider vers leur cabane.

Le bûcheron et sa femme étaient là, bien affligés, regrettant leurs bons petits, et se disant : « Ah ! s'ils pouvaient revenir, non, jamais, plus jamais nous ne voudrions les perdre dans la forêt. » Au même instant la porte s'ouvre, et les deux enfants s'avancent. Ah ! Quelle joie ! Comme ils furent tendrement embrassés ! Et avec les présents que les oiseaux leur avaient faits, ils étaient riches, ils n'avaient plus à redouter la misère.

Xavier Marmier, *L'Arbre de Noël, contes et légendes* (1873)

[Suite de la page 112]

La bûche allumée et les premiers noëls chantés, on se rendait à la messe de minuit. Là, à la pompe religieuse venaient se joindre des intermèdes d'un caractère plus ou moins pittoresque. Le thème de ces intermèdes était la présentation à l'offrande d'un agneau qu'on laissait au curé. La cérémonie se faisait parfois d'une façon brillante. Bergers et bergères avançaient en deux groupes, les premiers munis de fouets qu'ils faisaient claquer, les autres de houlettes et de quenouilles tous fastueusement décorés de rubans. Quelquefois les bergers étaient accompagnés de leurs chiens qu'ils tenaient en laisse et faisaient aboyer (Maligny, Varennes, Seignelay). À Thorigny, à Sergines, ils jouaient de la cornemuse. Mieux encore : dans le dernier de ces pays, ils exécutaient des danses et des ballets.

En allant à l'autel, on faisait bêler l'agneau de force, s'il était besoin, en lui pinçant l'oreille. Un premier berger le portait, soit sur les bras, soit dans une corbeille enrubannée. Un second portait le pain bénit, un troisième un arbre de Noël, consistant tantôt en un beau houx orné de ses baies rouges et illuminé de petites bougies, tantôt en un rameau garni de fleurs et de bougies. Souvent la marche des bergers était guidée par une étoile formée à la voûte de l'église par des chandelles fichées en couronne sur un morceau de bois qui glissait sur un fil de fer incliné (Maligny, Seignelay, Varennes, Sergines). Tous les assistants suivaient le cortège à l'autel. Pendant la bénédiction de l'agneau et pendant l'offrande on chantait des noëls. À Rebourseaux, on faisait manger à l'agneau du pain bénit.

Après la messe, les familles rentraient pour se livrer à de nouvelles réjouissances. Mais dans certains pays, avant de s'y reprendre, le maître de la maison allait donner à manger (quelquefois du pain bénit) et à boire aux hôtes de l'étable pour les préserver de certaines maladies. Opération redoutable, car on était convaincu que dans cette nuit-là les bêtes avaient le don de la parole et de la prescience, et malheur à qui les troublait ! Après avoir frappé du pied (Fulvy) ou fléchi un genou (Viviers) au moment de l'élévation de la messe de minuit, elles causaient entre elles, et le maître fermait l'oreille, de crainte d'entendre des reproches à son adresse ou, pis, l'annonce de malheurs qui devaient le frapper. On distribuait donc les rations au plus vite, puis le maître, s'il avait traversé impunément l'épreuve, sortait à toutes jambes de l'étable et rentrait le cœur joyeux présider au réveillon.

On sait en quoi consistait le réveillon : andouilles, boudin, crêpes, galettes, châtaignes et autres mets de digestion aussi facile. Le tout arrosé de cidre ou de purée septembrale. Ordinairement, le réveillon durait une heure ou deux. Il était cependant, de fervents réveillonneurs qui le prolongeaient assez pour attendre à table la messe du point du jour.

Charles Moiset,
« Usages, croyances, traditions, superstitions, etc. »,
***Bulletin de la Société des sciences historiques et naturelles de l'Yonne* (1888)**

RECETTE

Verrines de saumon fumé

TEMPS DE PRÉPARATION
30 MIN

TEMPS TOTAL
1 H 35 MIN

8 PERSONNES

Ingrédients

- 4 tranches de saumon fumé, en morceaux
- 300 g de crème liquide entière, très froide, et 3 c. à soupe
- 1 feuille de gélatine alimentaire (1,9 g/feuille), et un récipient d'eau froide
- du sel
- du poivre moulu
- 3 avocats
- 3 c. à soupe de jus de citron vert
- œufs de saumon
- brins d'aneth frais

Préparation

1. Mixer le saumon fumé et réserver.
2. Faire chauffer 3 c. à soupe de crème dans une petite casserole. Incorporer la gélatine essorée et laisser refroidir quelques instants.
3. Fouetter 2 min le reste de crème. Arrêter dès que la crème devient juste ferme. Quand la consistance est bonne, verser doucement la crème sur la gélatine.
4. Ajouter le saumon fumé, saler, poivrer et mélanger délicatement à la spatule. Réserver dans une poche à douille.
5. Dans un autre saladier, déposer la chair d'avocat et le jus de citron vert. Saler, poivrer et mixer le mélange finement.
6. Mélanger pour obtenir une crème onctueuse. Placer dans une autre poche à douille. Dans des verrines, verser le crémeux d'avocat, parsemer de quelques œufs de saumon et couvrir de mousse de saumon. Terminer avec quelques œufs de saumon et des brins d'aneth. Conserver au moins 1 h au frais, jusqu'au moment de servir.

RÉCLAME D'ANTAN

Catalogue Général de la Saison d'Hiver

Au Petit Saint-Thom[as]

OCCASION TOUT A FAIT HORS LIGNE

[3]9 fr. **La Batterie de Cuisine 65 Pièces** 39 fr.

[...]15 **“La Confortable” Nouvelle Batterie de Cuisine** Comprenant ; **65 Articles de choix** *de bonne fabrication ; les Ustensiles allant* **“Acier Granit”** *Marque* **Japy frères.**

[...]e Acier granit, 0m30.
[...]te bombée Acier granit, 6 Litres.
[...]oles droites à bec Acier granit du 12 au 20.
[...]t Acier granit, 0m20.
[...]ro à pot Acier granit, 0m11.
[...]oire Acier granit, 0m12.
1 Plat rond Acier granit, 0m14.
1 Plat ovale — 0m34.
1 Passoire — 0m16.
1 Boîte à lait fer battu, 1 litre.
1 Boîte à sel bois fumé.

6 Boîtes à épices décorées.
1 Brosse chiendent.
1 Boîte à allumettes.
1 Bidon décoré, 1 Litre.
1 Boîte de 18 pinces à linge.
1 Bougeoir décoré.
1 Battoir bois fumé.
1 Batteur américain
1 Couvert à salade.
1 Cafetière fer battu, 6 tasses.
1 Poêle à frire polie, 0m22.

5 Couvercles fer battu du 12 au 20.
1 Couteau d'office.
1 Couteau à Conserves.
1 Cuvette fer battu, 0m26.
1 Cuillère bois fumé.
1 Dessous de plat émaillé.
1 Dessous de plat amiante.
1 Entonnoir fer battu, 0m10.
1 Fouet à œufs, manche bois.
1 Fer à repasser.
1 Gril étamé 6 barres.

1 Lavette fil.
1 Moulin à poivre.
1 Moule à gâteaux,
1 Moulin à Café.
1 Porte-savon émaillé.
1 Passe-bouillon fer battu, 0m15.
1 Planche à Couteaux.
1 Pilon à purée.
1 Pelle à poussière.
1 Passe-thé, manche bois.
1 Panier à salade.

1 Panier à bouteilles.
1 Paire pelle et pincette.
1 Porte fer.
1 Râpe.
1 Tapette à boucher.
1 Tire-bouchon.
1 Poignée à repasser.
1 Planche à hacher.

[3]9 fr. .... *La Batterie de Cuisine de 65 Pièces* .... 3[9 fr.]
(Franco de Port. Emballage 3.75)

DEMANDER LE CATALOGUE SPÉCIAL DES ARTICLES DE MÉNAGE

Idées de lecture

ET EN MÊME TEMPS
René Pagis

Tout commence par une lettre adressée au président de la République par Étienne Poussergues, un élu local, magistrat à la retraite, qui lance un véritable défi au chef de l'État en lui rappelant la situation désastreuse de la justice et des prisons françaises. Étienne Poussergues est convoqué à l'Élysée pour exposer son projet de réforme. Le Président relève le défi qui lui a été lancé dans le courrier. Il charge l'élu local de formuler des propositions précises pour réformer la justice pénale. Pris dans l'engrenage du pouvoir, maltraité par les cabinets ministériels, Étienne joue des coudes et trouve peu à peu une place de choix qui lui permet, avec son équipe, de formuler un projet convaincant. Profitant de sa notoriété naissante, il initie et développe en parallèle un nouveau courant politique qui connaît un succès rapide dans le pays. Résistera-t-il aux pressions ? Gardera-t-il la confiance de ce Président dont il ne partage pas la plupart des idées ? Combien de temps pourra-t-il mener de front une réforme et un projet politique nouveau ?

René Pagis a franchi tous les grades de la gendarmerie avant une seconde carrière dans la justice devenant juge puis procureur de la République. Aujourd'hui à la retraite, il se consacre pleinement à l'écriture. Après un récit autobiographique, *Dans la salle des pas perdus* (de Borée), et trois romans, *Un dernier Rêve pour la nuit* (Bord du Lot), *Le chant clair des sirènes* (Marivole) et *La terre de Jeantou* (De Borée), il propose un nouveau roman de politique fiction.

Éditions Ramsay

À VOUS DE JOUER !

		4	5		9	3		6
1				8			7	
	7		3			2		
	6			3				
2		9	7			8		1
			4		8			9
		7		4			5	
3			2			1		4
9		2			5		8	

Solution page 128

FAITS DIVERS

EN FAISANT DE LA GYMNASTIQUE

Le directeur d'un hôtel a succombé, victime d'un étrange accident. Il avait l'habitude, chaque soir, de se livrer à des exercices d'assouplissement. Les pieds passés dans des anneaux et le cou entouré d'un collier en caoutchouc, il accomplissait une série de flexions. Sans doute le pied glissa : il fut étranglé net.

Calendrier 2023

Janvier	Février	Mars	Avril	Mai	Juin
1 D Jour de l'an	1 M Ella	1 M Aubin	1 S Hugues	1 L Fête du trava 18	1 J Justin
2 L Basile 01	2 J Présentation	2 J Ch.le Bon	2 D Sandrine	2 M Boris	2 V Blandine
3 M Geneviève	3 V Blaise	3 V Guénolé	3 L Richard 14	3 M Phil.,Jacq.	3 S Kévin
4 M Odilon	4 S Véronique	4 S Casimir	4 M Isidore	4 J Sylvain	4 D Clotilde ○
5 J Edouard	5 D Agathe ○	5 D Olive	5 M Irène	5 V Judith ○	5 L Igor 23
6 V Epiphanie	6 L Gaston 06	6 L Colette 10	6 J Marcellin ○	6 S Prudence	6 M Norbert
7 S Raymond ○	7 M Eugènie	7 M Félicité ○	7 V J-B. de la Sa	7 D Gisèle	7 M Gilbert
8 D Lucien	8 M Jacqueline	8 M Jean de Dieu	8 S Julie	8 L Victoire 1945 19	8 J Médard
9 L Alix 02	9 J Apolline	9 J Françoise	9 D D. de Pâques	9 M Pacôme	9 V Diane
10 M Guillaume	10 V Arnaud	10 V Vivien	10 L L. de Pâques 15	10 M Solange	10 S Landry ◑
11 M Pauline	11 S ND de Lourdes	11 S Rosine	11 M Stanislas	11 J Estelle	11 D Barnabé
12 J Tatiana	12 D Félix	12 D Justine	12 M Jules	12 V Achille ◑	12 L Guy 24
13 V Yvette	13 L Béatrice ◑ 07	13 L Rodrigue 11	13 J Ida ◑	13 S Rolande	13 M Antoine de P.
14 S Nina	14 M Valentin	14 M Mathilde	14 V Maxime	14 D Aymar	14 M Elisée
15 D Rémi ◑	15 M Claude	15 M Louise ◑	15 S Paterne	15 L Denise 20	15 J Germaine
16 L Marcel 03	16 J Julienne	16 J Bénédicte	16 D Benoît-Josep	16 M Honoré	16 V Aurélien
17 M Roseline	17 V Alexis	17 V Patrice	17 L Anicet 16	17 M Pascal	17 S Hervé
18 M Prisca	18 S Bernadette	18 S Cyrille	18 M Parfait	18 J Ascension	18 D Léonce ●
19 J Marius	19 D Gabin	19 D Joseph	19 M Emma	19 V Yves ●	19 L Romuald 25
20 V Sébastien	20 L Aimée ● 08	20 L Alexandra 12	20 J Odette ●	20 S Bernardin	20 M Silvère
21 S Agnès ●	21 M Damien	21 M Clémence ●	21 V Anselme	21 D Constantin	21 M Rodolphe
22 D Vincent	22 M Isabelle	22 M Léa	22 S Alexandre	22 L Emile 21	22 J Alban
23 L Barnard 04	23 J Lazare	23 J Victorien	23 D Georges	23 M Didier	23 V Audrey
24 M Fr. de Sales	24 V Modeste	24 V S Cath. de Su	24 L Fidèle 17	24 M Donatien	24 S Jean-Baptiste
25 M Conv.de Paul	25 S Roméo	25 S Annonciation	25 M Marc	25 J Sophie	25 D Prosper
26 J Paule	26 D Nestor	26 D Larissa	26 M Alida	26 V Bérenger	26 L Anthelme ◐ 26
27 V Angèle	27 L Honorine ◐ 09	27 L Habib 13	27 J Zita ◐	27 S Augustin ◐	27 M Fernand
28 S Th. d'Aquin ◐	28 M Romain	28 M Gontran	28 V Valérie	28 D D. de Pentecô	28 M Irénée
29 D Gildas		29 M Gwladys ◐	29 S Cath. de Sien	29 L L. de Pentecô 22	29 J Pierre-Paul
30 L Martine 05		30 J Amédée	30 D Robert	30 M Ferdinand	30 V Martial
31 M Marcelle		31 V Benjamin		31 M Visitation	

Juillet	Août	Septembre	Octobre	Novembre	Décembre
1 S Thierry	1 M Alphonse ○	1 V Gilles	1 D Thé. de l'E.	1 M Toussaint	1 V Florence
2 D Martinien	2 M Julien Eymard	2 S Ingrid	2 L Léger 40	2 J Jour des Défu	2 S Viviane
3 L Thomas ○ 27	3 J Lydie	3 D Grégoire	3 M Gérard	3 V Hubert	3 D François Xav
4 M Florent	4 V Jean-M. Viann	4 L Rosalie 36	4 M Fr. d'Assise	4 S Charles	4 L Barbara 49
5 M Antoine	5 S Abel	5 M Raïssa	5 J Fleur	5 D Sylvie ◑	5 M Gérald ◑
6 J Mariette	6 D Transfiguratio	6 M Bertrand	6 V Bruno ◑	6 L Bertille 45	6 M Nicolas
7 V Raoul	7 L Gaétan 32	7 J Reine ◑	7 S Serge	7 M Carine	7 J Ambroise
8 S Thibault	8 M Dominique ◑	8 V Nativité	8 D Pélagie	8 M Geoffroy	8 V Imm. Conceptio
9 D Amandine	9 M Amour	9 S Alain	9 L Denis 41	9 J Théodore	9 S Pierre Fourie
10 L Ulrich ◑ 28	10 J Laurent	10 D Inès	10 M Ghislain	10 V Léon	10 D Romaric
11 M Benoît	11 V Claire	11 L Adelphe 37	11 M Firmin	11 S Armistice 1918	11 L Daniel 50
12 M Olivier	12 S Clarisse	12 M Apollinaire	12 J Wilfried	12 D Christian	12 M Jeanne F.C.
13 J Henri et Joë	13 D Hippolyte	13 M Aimé	13 V Géraud	13 L Brice ● 46	13 M Lucie ●
14 V Fête national	14 L Evrard 33	14 J Croix Glorieus	14 S Juste ●	14 M Sidoine	14 J Odile
15 S Donald	15 M Assomption	15 V Roland ●	15 D Thérèse d'A	15 M Albert	15 V Ninon
16 D ND Mt Carmel	16 M Armel ●	16 S Edith	16 L Edwige 42	16 J Marguerite	16 S Alice
17 L Charlotte ● 29	17 J Hyacinthe	17 D Renaud	17 M Baudoin	17 V Elisabeth	17 D Gaël
18 M Frédéric	18 V Hélène	18 L Nadège 38	18 M Luc	18 S Aude	18 L Gatien 51
19 M Arsène	19 S Jean Eudes	19 M Emilie	19 J René	19 D Tanguy	19 M Urbain ◐
20 J Marina	20 D Bernard	20 M Davy	20 V Adeline	20 L Edmond ◐ 47	20 M Théophile
21 V Victor	21 L Christophe 34	21 J Matthieu	21 S Céline	21 M Prés. de Mari	21 J Pierre
22 S Marie Madelei	22 M Fabrice	22 V Maurice ◐	22 D Elodie ◐	22 M Cécile	22 V F.se Xavière
23 D Brigitte	23 M Rose de Lima	23 S Constant	23 L J. de Capistr 43	23 J Clément	23 S Armand
24 L Christine 30	24 J Barthélémy ◐	24 D Thècle	24 M Florentin	24 V Flora	24 D Adèle
25 M Jacques	25 V Louis	25 L Hermann 39	25 M Crépin	25 S Catherine	25 L Noël 52
26 M Anne, Joachim ◐	26 S Natacha	26 M Côme et Dami	26 J Dimitri	26 D Delphine	26 M Etienne
27 J Nathalie	27 D Monique	27 M Vinc. de Paul	27 V Emeline	27 L Sévrin ○ 48	27 M Jean ○
28 V Samson	28 L Augustin 35	28 J Venceslas	28 S Jude ○	28 M Jacq. de la M	28 J Innocents
29 S Marthe	29 M Sabine	29 V Michel ○	29 D Narcisse	29 M Saturnin	29 V David
30 D Juliette	30 M Fiacre	30 S Jérôme	30 L Bienvenue 44	30 J André	30 S Roger
31 L Ignace de L. 31	31 J Aristide ○		31 M Quentin		31 D Sylvestre

férié

Retrouvez la France

vilo

LES SITES INCONTOURNABLES DU PATRIMOINE FRANÇAIS

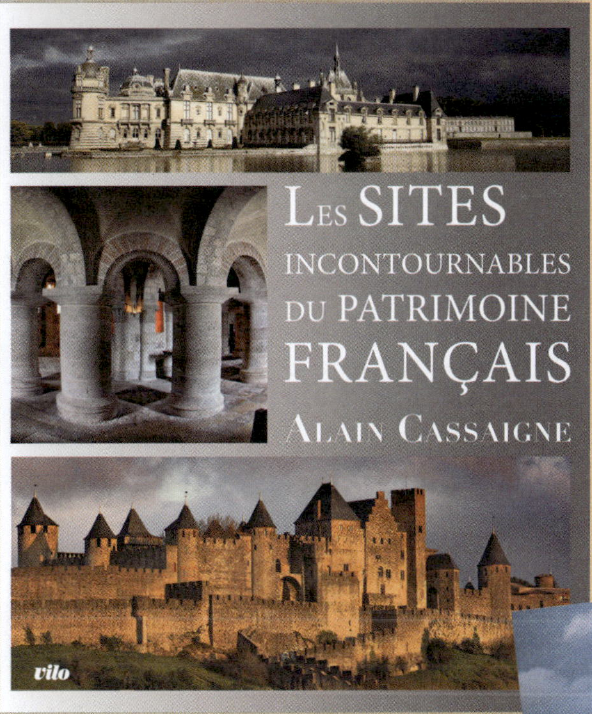

ÎLE DE FRANCE

DU RHIN À LA SOMME

DE LA SEINE À LA LOIRE

CŒUR DE FRANCE

BOURGOGNE

AUVERGNE

DE L'ATLANTIQUE À LA MÉDITERRANÉE

DU RHÔNE À LA CÔTE D'AZUR

Le patrimoine est une rencontre, une histoire d'amour et d'affection avec notre passé, notre vécu et notre curiosité. Le patrimoine c'est l'émotion, la surprise, l'étonnement, c'est sortir de nos contingences, de notre cursus pour découvrir un autre monde, une richesse et d'autres valeurs. C'est le royaume de la connaissance, de la beauté et le plaisir d'apprendre, la redécouverte du savoir et de l'histoire de France à travers des grands hommes qui l'ont façonné. Ce livre présente en une centaine de lieux mythiques de notre pays, des lieux connus, mais aussi des lieux plus discrets. De la foi des premiers martyrs jusqu'aux mineurs du Nord, des folies des rois jusqu'aux morts de la Grande Guerre, c'est un voyage à travers notre France, tellement riche, tellement belle, tellement surprenante parfois. Les photographies d'Alain Cassaigne présentent une rencontre à travers les abbayes, les châteaux, les cités et les jardins. Les drames ont enfanté l'excellence, la folie, le génie, l'ignorance, la foi et un constat que de l'enthousiasme naît un pays. Un pays où le savoir-faire et l'exigence font de chaque homme un maillon de ce moment d'éternité.

ÉDITIONS VILO
Format 28 x 33 cm - relié - 240 pages

39 € TTC

DISPONIBLE EN MAISON DE PRESSE ET LIBRAIRIE

Solution des jeux

page 15

2	7	3	4	1	9	8	6	5
5	8	4	6	7	3	1	2	9
6	1	9	5	2	8	7	3	4
3	4	5	8	6	2	9	1	7
7	6	8	3	9	1	5	4	2
9	2	1	7	4	5	3	8	6
4	9	6	1	3	7	2	5	8
8	3	2	9	5	4	6	7	1
1	5	7	2	8	6	4	9	3

page 25

8	4	3	1	7	6	9	5	2
1	7	2	5	9	4	6	8	3
5	9	6	3	2	8	1	4	7
4	3	1	8	6	9	2	7	5
7	5	8	2	4	1	3	6	9
6	2	9	7	5	3	8	1	4
3	6	4	9	1	5	7	2	8
9	1	7	4	8	2	5	3	6
2	8	5	6	3	7	4	9	1

page 35

8	9	5	7	1	2	4	3	6
7	2	6	4	5	3	8	1	9
4	1	3	8	6	9	2	7	5
9	6	1	2	3	4	5	8	7
2	5	7	9	8	1	6	4	3
3	4	8	5	7	6	1	9	2
5	7	2	3	4	8	9	6	1
1	8	9	6	2	7	3	5	4
6	3	4	1	9	5	7	2	8

page 45

6	1	9	8	5	2	4	7	3
8	4	5	7	6	3	9	2	1
7	3	2	4	9	1	8	5	6
1	5	7	3	8	4	2	6	9
3	2	6	9	1	5	7	4	8
9	8	4	6	2	7	3	1	5
4	6	1	2	3	9	5	8	7
2	9	8	5	7	6	1	3	4
5	7	3	1	4	8	6	9	2

page 55

8	4	3	6	5	1	9	2	7
6	9	2	7	3	4	5	1	8
5	1	7	2	9	8	3	4	6
9	2	6	4	1	7	8	5	3
4	7	1	5	8	3	6	9	2
3	5	8	9	2	6	1	7	4
1	6	4	8	7	5	2	3	9
2	8	5	3	4	9	7	6	1
7	3	9	1	6	2	4	8	5

page 65

2	7	3	8	1	4	5	6	9
9	6	8	2	5	7	3	1	4
4	5	1	6	9	3	8	2	7
1	8	2	7	4	5	9	3	6
7	9	4	3	6	1	2	8	5
6	3	5	9	2	8	7	4	1
8	4	7	5	3	6	1	9	2
3	2	6	1	7	9	4	5	8
5	1	9	4	8	2	6	7	3

page 75

1	8	2	4	7	9	6	5	3
6	4	3	5	8	1	2	7	9
7	9	5	2	6	3	8	1	4
4	3	7	9	2	5	1	6	8
2	6	8	3	1	7	4	9	5
9	5	1	6	4	8	3	2	7
5	1	9	8	3	2	7	4	6
3	7	4	1	9	6	5	8	2
8	2	6	7	5	4	9	3	1

page 85

3	9	2	5	7	6	1	4	8
7	4	8	9	1	2	6	5	3
5	1	6	4	3	8	7	2	9
2	8	4	7	6	9	5	3	1
6	7	1	2	5	3	8	9	4
9	3	5	8	4	1	2	6	7
4	2	9	6	8	7	3	1	5
8	5	3	1	2	4	9	7	6
1	6	7	3	9	5	4	8	2

page 95

9	1	4	2	6	7	5	8	3
5	2	6	9	8	3	1	7	4
7	8	3	4	1	5	9	2	6
8	4	9	5	2	1	6	3	7
3	6	7	8	4	9	2	1	5
1	5	2	3	7	6	8	4	9
2	9	5	7	3	8	4	6	1
4	7	1	6	9	2	3	5	8
6	3	8	1	5	4	7	9	2

page 105

4	8	5	2	3	9	6	1	7
3	6	9	1	7	5	8	4	2
2	7	1	6	8	4	5	3	9
8	2	4	5	9	6	3	7	1
6	9	7	3	4	1	2	8	5
1	5	3	8	2	7	9	6	4
9	1	6	4	5	8	7	2	3
7	4	2	9	6	3	1	5	8
5	3	8	7	1	2	4	9	6

page 115

2	8	3	9	1	5	6	4	7
1	4	7	3	2	6	9	5	8
6	9	5	4	7	8	1	3	2
3	5	9	2	8	4	7	1	6
8	6	2	7	3	1	5	9	4
4	7	1	5	6	9	2	8	3
9	2	6	1	4	3	8	7	5
5	3	8	6	9	7	4	2	1
7	1	4	8	5	2	3	6	9

page 125

8	2	4	5	7	9	3	1	6
1	9	3	6	8	2	4	7	5
5	7	6	3	1	4	2	9	8
4	6	8	9	3	1	5	2	7
2	3	9	7	5	6	8	4	1
7	5	1	4	2	8	6	3	9
6	1	7	8	4	3	9	5	2
3	8	5	2	9	7	1	6	4
9	4	2	1	6	5	7	8	3

SOUS LA PLUME ET LA DIRECTION DE : Joseph VEBRET

DIRECTION ARTISTIQUE ET MAQUETTE : Line LÉVÊQUE

CRÉDITS PHOTOGRAPHIQUES
Photothèque CPE - Photothèque Magasin Pittoresque - Photothèque Shutterstock
@wikimediacommon
Photographie de couverture : Shutterstock

CONCEPTION & RÉALISATION :
Ramsay Media, Établissement de Ramsay Diffusion
BP 57 - ZA des Pâtureaux
41200 Romorantin-Lanthenay

Édition Pélican, département éditorial de Ramsay Éditions
222, boulevard Pereire - 75017 PARIS
SIRET : 47828221300055

Imprimé en France par Typolibris by Blue Angel Partner
8, rue Jean-Pierre Timbaud - 75011 PARIS
Juillet 2021
ISBN PELICAN: 978-2-37400-177-7
ISBN CENTRE FRANCE: 978-2-37400-704-5

Dépôt légal à parution